Chancen und Risiken digitaler Medien für Kinder und Jugendliche

Christiane Eichenberg
Felicitas Auersperg

Chancen und Risiken digitaler Medien für Kinder und Jugendliche

Ein Ratgeber für Eltern, Lehrkräfte und andere Bezugspersonen

2., überarbeitete Auflage

hogrefe

Prof. Dr. Christiane Eichenberg, geb. 1973. Studium der Psychologie in Köln. 2006 Promotion. 2010 Habilitation. 2013–2016 Professorin für Klinische Psychologie, Psychotherapie und Medien an der Psychologischen Fakultät der Sigmund Freud PrivatUniversität, Wien. Seit 2016 Leiterin des Instituts für Psychosomatik an der Medizinischen Fakultät der Sigmund Freud PrivatUniversität, Wien. Forschungsschwerpunkte: Schnittstellen von Psychologie und Internet; E-Mental-Health, Psychotraumatologie, Psychosomatik.

Dr. Felicitas Auersperg, geb. 1989. 2008–2013 Studium der Psychologie in Wien. 2013–2014 Universitätsassistentin am Lehrstuhl für Innovationsmanagement an der Privatuniversität Schloss Seeburg. Seit 2014 Universitätsassistentin an der Psychologischen Fakultät der Sigmund Freud PrivatUniversität, Wien. Forschungsschwerpunkte: Sozialkognition, Schnittstelle von Psychologie und Soziologie.

Bibliografische Information der Deutschen Nationalbibliothek
Die Deutsche Nationalbibliothek verzeichnet diese Publikation in der Deutschen Nationalbibliografie; detaillierte bibliografische Daten sind im Internet über http://dnb.dnb.de abrufbar.

Hogrefe Verlag GmbH & Co. KG
Merkelstraße 3
37085 Göttingen
Deutschland
Tel. +49 551 999 50 0
Fax +49 551 999 50 111
info@hogrefe.de
www.hogrefe.de

Umschlagabbildung: © iStock.com / pressureUA
Satz: Michael Kleine, Hogrefe Verlag GmbH & Co. KG, Göttingen
Druck: mediaprint solutions GmbH, Paderborn
Printed in Germany
Auf säurefreiem Papier gedruckt

2., überarbeitete Auflage 2024

(E-Book-ISBN [PDF] 978-3-8409-3209-0; E-Book-ISBN [EPUB] 978-3-8444-3209-1)
ISBN 978-3-8017-3209-7
https://doi.org/10.1026/03209-000

Inhaltsverzeichnis

1 Bedeutung digitaler Medien in der Lebenswelt von Kindern und Jugendlichen

Das Leben von Kindern und Jugendlichen ist heute untrennbar mit der Nutzung von und der Einflussnahme durch digitale Medien verbunden. Für alltägliche Aktivitäten, Freizeit, Schule oder Beruf steht ihnen ein gewaltiges Informationsnetz zur Verfügung, das mehr und mehr an Bedeutung gewinnt. Die Kompetenz, mit der überwältigenden Bandbreite an Nutzungsmöglichkeiten umgehen zu können, ist unverzichtbar – sowohl für das Schul- und Berufsleben als auch für das Privatleben. Somit fällt Eltern und anderen an der Erziehung beteiligten Personen die entscheidende Aufgabe zu, Kinder und Jugendliche früh damit vertraut zu machen und Fähigkeiten zur sicheren und effizienten Nutzung zu vermitteln. Gelingt diese Vermittlung im Rahmen der Entwicklung von Medienkompetenz, ist sie als „Skill" für nahezu alle Bereiche des Lebens von unschätzbarem Wert. Neben der häufig zitierten Vereinfachung bzw. Vervielfältigung der Kommunikation leisten digitale Medien große Beiträge zur Wissenschaft und Forschung, zu Kunst und Kultur sowie zur Wirtschaft. Auch die Bereiche Bildung und Unterhaltung, d.h. Lernen und Spielen, wurden und werden durch den Einsatz und die Entwicklung digitaler Medien verändert. Kinder wachsen mit dieser Bandbreite an Möglichkeiten wie selbstverständlich auf und denken dabei nur selten darüber nach, welche Gefahren neben all diesen Chancen in der Nutzung digitaler Medien liegen. Das auf diese Art ausgesparte Thema wird umso intensiver von besorgten Eltern und Bezugspersonen aufgegriffen, da diese meistens nicht in einer digitalisierten Welt aufgewachsen sind und sich die sogenannte „Kindheit 2.0" daher kaum vorstellen können.

In diesem Ratgeber soll auf häufige Fragen und Sorgen von Eltern, Lehrkräften und anderen Bezugspersonen eingegangen werden, ohne die spielerische und selbstverständliche Herangehensweise der Kinder und Jugendlichen dabei zu vernachlässigen oder zu unterschätzen. Bereits sehr früh entwickeln Kinder heute Strategien und Verhaltensmuster im Umgang mit digitalen Medien. Die sogenannten „digital natives" sind im Gegensatz zu ihren Eltern mit den Möglichkeiten des Internets aufgewachsen und sind Erwachsenen in der Nutzung oftmals weit überlegen. Die Pflicht der Erwachsenen ist es nun, mindestens ebenso kompetent

et al., 2014). Damals waren Jungen meist umfangreicher ausgestattet als Mädchen. Dies lag vermutlich an Stereotypen zur Medienkompetenz von Männern und Frauen, die sich auf das Kaufverhalten der Eltern und damit auf das zur Verfügung stehende Medienrepertoire der Kinder ausgewirkt haben. Möglicherweise lässt sich anhand der sich angleichenden Nutzungs- und Besitzprofile ein Aufweichen dieser Stereotype beobachten.

In den letzten Jahren verzeichnet die KIM-Studie einen deutlichen Zuwachs von Fernsehgeräten mit Internetzugang, Streamingdiensten, Pay-TV-Abonnements und Tablets. Fast alle (99 %) der befragten Haushalte verfügen über einen Internetanschluss und die meisten 6- bis 13-Jährigen wachsen mit einer Vielzahl internetfähiger Geräte wie Computern, Tablets oder Smartphones auf. Gut ein Fünftel der erfassten Kinder kann im eigenen Zimmer das Internet nutzen.

Auch Jugendliche zwischen 12 und 19 Jahren wachsen mit einer breiten Ausstattung an Medien auf. In beinahe allen Haushalten, in denen Personen dieser Altersgruppe leben, sind Handys oder Smartphones (99 %), Computer oder Laptops (97 %) und Fernsehgeräte (96 %) vorhanden. Dabei steigt vor allem die Zahl der Haushalte mit Smart-TV an (2021: 69 %; 2022: 81 %). Von den erfassten Haushalten verfügen 80 % über ein Radiogerät, 77 % über ein Tablet und eine Spielkonsole. Wearables, wie beispielsweise Smartwatches, sind in jedem zweiten Haushalt vertreten, 41 % der Familien setzen Smart Speaker wie Alexa oder Google Home ein und 37 % der befragten Haushalte sind im Besitz eines E-Book-Readers. Medienabonnements spielen im Leben Jugendlicher ebenfalls eine wichtige Rolle: 84 % der befragten Jugendlichen können zu Hause auf einen Dienst wie Netflix, Amazon Prime Video oder Disney+ zugreifen. Musik-Streamingdienste wie Spotify, Apple Music oder YouTube Music sind für 76 % der befragten Jugendlichen verfügbar. Geht es um den persönlichen Besitz, so steht das Smartphone bei Jugendlichen im Alter zwischen 12 und 19 Jahren an erster Stelle: 96 % der Befragten verfügen über ein eigenes Smartphone, 58 % der Jugendlichen besitzen einen Laptop und 35 % einen Stand-PC. Von den befragten Jugendlichen haben 58 % ein Fernsehgerät als Teil ihrer Zimmereinrichtung, 51 % besitzen ein Tablet, 61 % eine Spielkonsole, 35 % ein eigenes Radio und 28 % eigene Wearables wie beispielsweise Smartwatches (Feierabend et al., 2022a).

1.1.2 Nutzungsgewohnheiten

Digitale Medien gehören für die meisten Kinder zum Alltag und prägen ihre Freizeit stark mit. Im Tagesverlauf zeigt sich, dass Fernsehen und Hausaufgaben etwa gleich viel Zeit der Woche in Anspruch nehmen, jeweils 67 % der Befragten geben an, diesen Aktivitäten jeden Tag nachzugehen. Beinahe jedes zweite Kind gibt an, täglich mit dem Handy zu spielen. Mit zunehmendem Alter nutzen immer mehr Kinder digitale Medien, wobei der deutlichste Anstieg im Altersverlauf beim Einsatz von Mobiltelefonen (6 bis 7 Jahre: 28 %; 12 bis 13 Jahre: 96 %) sowie bei der Internetnutzung (6 bis 7 Jahre: 21 %; 12 bis 13 Jahre: 92 %) zu bemerken ist. Das Aufzeichnen eigener Videos und Fotos nimmt ebenfalls deutlich zu (mehr dazu in Kapitel „Instragram, TikTok und Co – soziale Netzwerke im Detail“ auf Seite 27). In der KIM-Studie ist zu lesen, dass sich der kontinuierliche Anstieg bei den Internetnutzungen – außer in der jüngsten befragten Altersgruppe – nicht fortsetzt, und dass die Frage, ob nun eine Sättigungsgrenze erreicht ist, erst durch nachfolgende Studien beantwortet werden kann.

Die Nutzungsfrequenz des Inte5,rnets hat sich zwischen 2020 und 2022 erhöht, insbesondere bei 10- bis 13-jährigen Kindern: 72 % der befragten 12- und 13-Jährigen nutzen das Internet täglich (Feierabend et al., 2022b). Die durch WLAN und Smartphone ermöglichte immer privatere Nutzung des Internets wirft bei vielen besorgten Eltern und Lehrkräften die Frage auf, womit sich Kinder und Jugendliche im Internet eigentlich beschäftigen. Zwar stellen populäre Medien den Abruf jugendschutzrelevanter Inhalte (vgl. Kapitel 3.1.5) sowie sexualbezogene Nutzungsformen, wie z. B. Sexting (vgl. Kapitel 3.1.4), und die damit verbundenen Gefahren oft in den Vordergrund, das Hauptinteresse jugendlicher Internetnutzerinnen und -nutzer besteht jedoch laut JIM-Studie in der Kommunikation (Feierabend et al., 2022b). Der Austausch mit Gleichaltrigen ist ein wichtiges Element der Persönlichkeitsentwicklung und Identitätsfindung. Welche Plattform dafür genutzt wird, ist unerheblich und ändert sich im Laufe der Zeit. Digitale Medien bieten eine Vielfalt facettenreicher Möglichkeiten, die uns heute zur Kommunikation mit anderen zur Verfügung stehen. Die sich im Moment sehr schnell verändernde Medienlandschaft wird von den verschiedenen Bevölkerungsgruppen unterschiedlich flexibel angenommen. Kinder und Jugendliche adaptieren die Veränderungen von Medien besonders schnell, da diese zu ihrem Lebensalltag gehören und als selbstverständlich empfunden werden. Insbesondere

Jungen und männliche Jugendliche neigen dazu, innovative Medien schnell aufzugreifen (Feierabend et al., 2022b).

Mit der Aneignung neuer Medienentwicklung verändert sich die Häufigkeit, mit der digitale Medien genutzt werden (Klingler, 2008). Für alle befragten Altersgruppen der KIM-Studie 2022 ist die Kommunikation über WhatsApp besonders relevant, wenn es um die alltägliche Nutzung des Internets geht. Gut die Hälfte (55 %) der Kinder, die auf das Internet zugreifen, nutzt den Kommunikationsdienst täglich. Filme, Videos und Serien werden ebenfalls täglich konsumiert, dicht gefolgt von Suchmaschinen und TikTok (Feierabend et al., 2022b). Über ein Drittel (38 %) der befragten Kinder gibt an, mindestens wöchentlich online Musik zu hören, 36 % nutzen speziell für Kinder entwickelte Websites. Ein Viertel der Befragten nutzt Wikipedia und Instagram, etwa jedes fünfte Kind nutzt Snapchat, Facebook oder versendet E-Mails. Über das Internet hören 13 % der befragten Kinder Radio, 11 % nutzen Skype, Zoom oder Teams. Das Live-Streaming-Videoportal Twitch wird von 6 % der Befragten verwendet. Mit zunehmendem Alter der Befragten steigen auch die Nutzungszahlen in allen genannten Bereichen. Ein besonders rasanter Anstieg ist bei der Plattform TikTok zu beobachten: Unter den Sechs- bis Siebenjährigen nutzen 11 % TikTok, unter den Acht- bis Neunjährigen sind es bereits 24 %, unter den Zehn- bis Elfjährigen sind es 39 % und unter den Zwölf- bis Dreizehnjährigen 53 %.

Eltern schätzen, dass ihre Kinder an einem Wochentag durchschnittlich 43 Minuten online sind. Die Nutzungszeit von Jungen wird dabei als geringfügig länger angenommen (46 Min.) als die der Mädchen (41 Min.). Mit zunehmendem Alter steigt auch die vermutete Nutzungsdauer wesentlich an (6 bis 7 Jahre: 17 Min.; 8 bis 9 Jahre: 30 Min.; 10 bis 11 Jahre: 49 Min.; 12 bis 13 Jahre: 74 Min.). Verglichen mit der Befragung von 2020 sind dabei in der Befragung von 2022 keine großen Unterschiede zu bemerken.

Bemerkenswert ist, dass die KIM-Studie nach Motiven zur Mediennutzung von Kindern in spezifischen Situationen fragt. So geben 39 % der Befragten an, bei Langweile Filme, Videos und Serien anzusehen. Nur jedes zehnte Kind greift in diesem Fall zu Büchern, Zeitschriften oder Comics. Bei Einsamkeit werden bevorzugt Bewegtbilder und Messengerdienste genutzt. Auch um Spaß zu haben oder etwas Spannendes zu erleben, nutzen Kinder Bewegtbilder und digitale Spiele. Rund 25 % der befragten Kinder geben an, Serien, Filme und Videos zu konsumieren, wenn sie traurig sind, 14 % hören dann Musik oder Radio und etwa jedes zehnte Kind setzt digitale Spiele, Messengerdienste oder Bücher, Zeitschriften und Comics ein, um seine Laune zu verbessern. Auf die Frage nach den liebsten Apps nannten 48 % der Kinder, die das Internet nutzen, WhatsApp, 30 % nannten YouTube und 28 % TikTok; 13 % gaben Instagram als eine ihrer drei liebsten Apps an, 8 % Snapchat und jeweils 6 % Google und Facebook (Feierabend et al., 2022b).

Die JIM-Studie 2022 gibt Auskunft zum Stellenwert unterschiedlicher Medien im Alltag von Jugendlichen (Feierabend et al., 2022a): Demnach nutzen 94 % der Befragten im Alter von 12 bis 19 Jahren das Internet regelmäßig in ihrer Freizeit und das von ihnen am meisten eingesetzte Gerät ist das Smartphone (96 %). Zudem hören 89 % regelmäßig Musik, 78 % sehen mehrmals wöchentlich fern, 76 % konsumieren Online-Videos und digitale Spiele. Gut zwei Drittel (67 %) der Befragten nutzen regelmäßig Videostreamingdienste und 57 % hören Radio. Ein Drittel der Jugendlichen liest in der Freizeit Bücher, 19 % hören Podcasts, und 17 % Hörspiele und -bücher, 14 % der Jugendlichen lesen Print-Zeitungen (online: 13 %).

Das Internet ist fester und alltäglicher Bestandteil des Lebens der allermeisten Jugendlichen. Über vier Fünftel (84 %) der 12- bis 19-Jährigen nutzen täglich in ihrer Freizeit das Internet (2020: 89 %, 2021: 88 %), 10 % der Befragten nutzen es mehrmals pro Woche und 6 % der befragten Jugendlichen nutzen das Internet seltener. Mit steigendem Alter der Jugendlichen steigt auch die Nutzungshäufigkeit des Internets: 76 % der 12- bis 13-Jährigen und 98 % der 18- bis 19-Jährigen sind täglich online. Die Nutzungsdauer von Onlinediensten ist während der Covid-19-Pandemie angestiegen und scheint sich nun rückläufig zu entwickeln: 2019 waren es laut JIM-Studie 205 Minuten, 2020 258 Minuten, im Jahr 2021 241 Minuten und im Jahr 2022 204 Minuten, die 12- bis 19-Jährige in ihrer Freizeit täglich online verbracht haben. Auch die Nutzungsdauer steigt mit dem Alter (Feierabend et al., 2022a).

Wie die KIM-Studie erfasst auch die JIM-Studie die liebsten Apps der Befragten. Dabei steht der Dienst WhatsApp an der Spitze: 79 % der Befragten gaben diese App als eine ihrer drei Lieblingsapps an. Die Plattform Instagram folgt mit deutlichem Abstand (31 %). TikTok und YouTube wurden von 23 % der Befragten angegeben, Snapchat von 19 %. Facebook wird von 10 % der Befragten als Lieblingsapp genannt. Diese Zahlen verdeutlichen, wie wichtig es ist, Medienkompetenz unabhängig von spezifischen Nutzungsdiensten zu erwerben, da diese ausgesprochen dynamisch sind und sich von Jahr zu Jahr verändern (Feierabend et al., 2022a).

1.1.2.1 Wie nutzen Kinder und Jugendliche Computer?

Jugendliche, die große Teile ihrer Freizeit mit Computerspielen oder Spielkonsolen verbringen, werden häufig als sozial vereinsamt wahrgenommen (Großegger & Zentner, 2008). Dieses Bild wird auch immer wieder in den Medien aufgegriffen und das Stereotyp wird auf diese Weise weiter verfestigt. Zu diesem Thema gibt eine Studie des Instituts für Jugendkulturforschung wichtige und vielleicht überraschende Einblicke (Schaefberger, 2010): Die sozialen Beziehungen von Jugendlichen, die sich in der Computerszene bewegen, unterscheiden sich kaum von den Freundschaften, die Jugendliche mit anderen Interessensschwerpunkten aufbauen. Bindungsfaktoren wie Sympathie, ähnliche Musikpräferenzen oder räumliche Nähe spielen eine ebenso große Rolle beim Aufbau von über die Computerszene entstandenen Beziehungen wie die gemeinsame Begeisterung für Computerspiele. Diese – bei manchen mehr, bei anderen weniger – stark ausgeprägte Leidenschaft wird unter anderem darauf zurückgeführt, dass die Spieler sich an der Handlung aktiv beteiligen können (Bopp, 2005). Peer-Kontakte werden von passionierten Computerspielern nicht nur im realen Leben, sondern auch virtuell gepflegt, z. B. über die gemeinsame Teilnahme an Spielen. Wichtig ist hierbei der Aspekt der Ergänzung in dem Sinne, dass reale soziale Kontakte also nicht durch virtuelle Kontakte ersetzt werden, sondern vor allem um die Möglichkeit, auch virtuell Zeit zusammen verbringen zu können, erweitert werden. Beide Welten können z. B. in Form von LAN-Partys oder dem gemeinsamen Spielen am Nachmittag aufeinandertreffen. Im Internet geschlossene Freundschaften können ebenso auf die reale Welt ausgeweitet werden, sodass eine „Vermischung“ von „Offline“- und „Online“-Freundschaften heute die Regel darstellt (zum Potenzial von Computerspielen vgl. Kapitel 2.4; zu eventuellen Gefahren von virtuell angebahnten Kontakten vgl. Kapitel 3.1.4). Die Themengebiete, die von passionierten jungen Internetnutzerinnen und -nutzern thematisiert werden, unterscheiden sich nicht von jenen anderer Jugendkulturen: Frust in der Schule, aktuelle Trends oder eben die gemeinsame Computeraffinität werden im realen wie im virtuellen Leben miteinander besprochen. Die Computerszene ist im Gegensatz zur landläufigen Meinung nicht vereinsamt (Großegger & Zentner, 2008).

Mädchen und Computerspiele

Dass der stereotype Computerspieler männlich ist, spiegelt sich nicht nur in populären Darstellungen im Fernsehen (z. B. in der beliebten Serie „Big Bang Theory“), sondern auch in der Gestaltung vieler Computerspiele wider. In den meisten Fällen sind die Hauptfiguren von digitalen Rollenspielen männlich und Frauen nehmen nur Nebenrollen mit zumeist sehr seichter Bedeutung ein (Downs & Smith, 2010). Sie werden als Objekt der männlichen Begierde in unterschiedlichen Rollen dargestellt: Entweder ist es die Aufgabe des Helden, eine Prinzessin zu retten oder eine Frau aus einer misslichen Lage zu befreien, oder übersexualisierte Frauen werden wie Dekorationsobjekte im Spiel als Beiwerk dargestellt. In dieser Funktion werden sogar gewalttätige Handlungen, zumeist mit sexuellem Inhalt, möglich, wie die Sichtung aktuell beliebter Spiele zeigt (z. B. im Spiel GTA 5). Selbst wenn eine weibliche Hauptfigur verschiedene Abenteuer bestehen muss, ist sie in vielen Fällen gemäß männlichen Fantasien gestaltet (z. B. Lara Croft). Diese Gestaltung könnte sich nicht nur negativ auf die Identitätsentwicklung und das Selbstbild von Mädchen auswirken, sondern auch die Wahrnehmung von Frauen durch junge männliche Spieler wird durch so gestaltete Geschlechterstereotype möglicherweise verzerrt. So ist beispielsweise bei Döring (2013) nachzulesen, wie sehr reale, aber auch fiktive Medienpersonen das Selbstkonzept beeinflussen können: Soziale Vergleiche können motivierend wirken, sofern sich die Medienpersonen zur Orientierung eignen, handelt es sich aber um völlig unrealistische Figuren, wird das Selbstwertgefühl beeinflusst und gefährdet. Yao et al. (2010) untersuchten, inwieweit Computerspiele, in denen Frauen als Objekte dargestellt werden, sich auf Spieler auswirken können. Ihre Ergebnisse weisen unter anderem darauf hin, dass die Spieler eher zu unangebrachtem Verhalten gegenüber Frauen neigen. Unter Berücksichtigung dieses Blickwinkels verwundert es nicht mehr, dass zum einen Mädchen andere Spielgenres präferieren als Jungen und zum anderen Frauen auch in der Entwicklung solcher Spiele zurzeit noch unterrepräsentiert sind. Die Spieleindustrie reagiert aber nach und nach auf die unterschiedlichen Bedürfnisse männlicher und weiblicher Nutzer, und es entstehen immer mehr auf weibliche Spielvorlieben zugeschnittene Spiele. Im Rückblick auf die letzten Jahre lässt sich eine Zunahme an weiblichen Gamern erkennen (Statista, 2018; vgl. Abbildung 1). Eine 2016 erschienene Studie weist darauf hin, dass sexistische Inhalte in Computerspielen über die letzten Jahre merklich zurückgingen. Weib-

- Das regelmäßige Spielen von Computerspielen birgt neben den zu berücksichtigenden Risiken (vgl. insbesondere Kapitel 3.1.1) auch viele Chancen (vgl. Kapitel 2.4).

1.1.2.2 Wie sieht die Handynutzung bei Kindern und Jugendlichen aus?

Nicht nur der Fernseher, auch das Smartphone löst bei vielen Erwachsenen große Irritation aus, wenn sie ihre Kinder dabei beobachten, wie sie scheinbar mit Klebstoff an das Gerät gebunden durch den Tag gehen – würde man sie gewähren lassen. Beim Handy werden von früh bis spät unterschiedlichste Funktionen in Anspruch genommen, und es gibt kaum eine Situation, in der das Handy nicht als Begleiter fungiert. Am Morgen als Wecker, auf dem Schulweg als willkommene Ablenkung während der Busfahrt, in der Schule als schnelle Möglichkeit, Wikipedia abzurufen, und beim Sport nach dem Unterricht als nützlicher Pulsmesser hat das Smartphone bereits um die Mittagszeit den Großteil des Tages begleitet, ohne ein einziges Mal seine ursprüngliche Aufgabe, nämlich das Telefonieren, zu erfüllen. Wenn es um exzessive Nutzungsweisen geht, muss klar darauf hingewiesen werden, dass Kinder am Modell – also am Vorbild ihrer Eltern – lernen und auch Erwachsene nicht davor gefeit sind, überdurchschnittlich viel Zeit am Smartphone zu verbringen. Kinder nehmen sich ein Beispiel an den Nutzungsgewohnheiten ihrer Eltern, weshalb der eigene Umgang mit digitalen Medien eine wesentliche Rolle bei der Ausbildung kindlicher Medienkompetenz spielt.

Die in Abbildung 2 dargestellten Ergebnisse einer Umfrage zum Anteil der Smartphone-Nutzer bei Kindern und Jugendlichen in Deutschland im Jahr 2014 (Statista, 2014) belegen, was Eltern auch ohne wissenschaftliche Expertise beobachten können: Handy und Smartphone spielen im Alltag von Jugendlichen und Kindern eine wesentliche Rolle. Neben technischen Gadgets, die die Nutzung verschiedener digitaler Medien integriert in nur einem Gerät ermöglichen (so ist jedes Smartphone mit Internetzugang, mit einer Kamera und einem MP3-Player ausgestattet), werden hierfür auch soziale Gründe vermutet. Walsh et al. (2008) beschreiben größeres Zugehörigkeitsgefühl innerhalb der Peergroup, erhöhtes Sicherheitsgefühl und höhere soziale Identifikation innerhalb einer Gruppe als positive Aspekte der Handynutzung. Die Kommunikation über Handys ermöglicht es Jugendlichen, den Kontakt zu ihrer Peergroup auch über räumliche Distanz zu halten. Besonders beliebt als Kommunikationsmittel sind Kurzmitteilungen, die über unterschiedliche Anbieter an einen oder mehrere Ansprechpartner versendet werden können (Waller & Süss, 2012). Ganze Unterhaltungen werden per SMS bzw. WhatsApp-Nachrichten (häufig auch mittels Sprachnachrichten) geführt, was bei vielen Erwachsenen Kopfschütteln und Unverständnis auslöst, auch weil es als eine umständliche Form der Kommunikation erscheint.

Warum greifen Kinder und Jugendliche nicht zum Hörer und rufen einfach an? Was ist an der textbasierten Kommunikation so beliebt? Walsh et al. (2009) haben sich näher mit dieser Frage befasst und sind zu dem Ergebnis gekommen, dass Jugendliche asynchrone Kommunikation via SMS, E-Mail oder Chat-Nachricht in bestimmten Situationen bevorzugen, um die zeitliche Verzögerung zwischen Nachricht und Antwort bei Bedarf nutzen zu können, um über eine treffende Antwort nachzudenken (Feierabend et al., 2013). Auch hier kann ein Blick in die eigene Jugend das Verständnis für dieses zunächst unverständliche Verhalten vergrößern und der Charme dieser künstlichen Herauszögerung wird erkennbar: Durch die Zeitverzögerung lassen sich lange Unterhaltungen über die richtige Antwort mit den Freunden führen, zeitintensive Grübeleien über

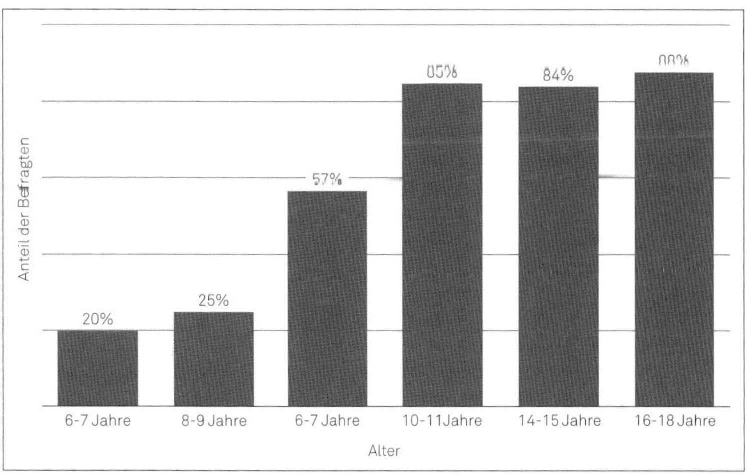

Abbildung 2: Handynutzung von Kindern und Jugendlichen (Nutzeranteil je Altersgruppe; Statista, 2014)

coole oder sozial nicht vertretbare Nachrichten werden möglich und ewige Überlegungen über angemessene Reaktionen auf SMS vom Schwarm können unbeobachtet und nach Beratschlagung mit den Freunden erfolgen. Wer sich an das Gefühl erinnert, kein Wort am Telefon herauszubringen, wenn der lang ersehnte Anruf mit der Einladung zu einer Party endlich kommt, wird verstehen, wie wertvoll es sein kann, über eine witzige und ausgefeilte schriftliche Reaktion nachdenken zu können. Zudem können so auch Fotos und Emoticons verschickt werden, die dabei helfen, Emotionen zu transportieren und Momente miteinander zu teilen. Ein nicht zu unterschätzender Vorteil schriftlicher Nachrichten ist außerdem, dass sie immer wieder als Erinnerungsartefakte abgerufen werden können: Auf diese Art können erste Liebesbezeugungen viele Monate, nachdem sie gemacht wurden, wieder heraufbeschworen werden, witzige Chat-Unterhaltungen können in schwierigen Momenten trösten und erheitern oder als Beweis für stabile soziale Kontakte dienen.

Im Zusammenhang mit der Handynutzung von Kindern und Jugendlichen stellt sich häufig und angeheizt durch unterschiedliche Darstellungen in den Populärmedien die Frage, ob die Benutzung von Mobiltelefonen oder auch die Nähe zu Handymasten gesundheitliche Auswirkungen hat. Werdende Mütter machen sich bereits in der Schwangerschaft Gedanken darüber, inwieweit der tägliche Gebrauch ihrer Smartphones sich auf das Neugeborene auswirken könnte. Baste et al. (2015) geben hier Entwarnung: Sie konnten in einer zehnjährigen Studie keine Effekte von Handybestrahlung auf den Geburtenausgang feststellen.

Nichtsdestotrotz weisen Chiu et al. (2015) darauf hin, dass Kinder im Vergleich zu heute Erwachsenen über eine längere Lebensspanne elektromagnetischer Strahlung ausgesetzt sind und daher die vorsichtigere Nutzung von Handys angebracht wäre.

Inzwischen geben eine Vielzahl von Studien Aufschluss über die Auswirkungen elektromagnetischer Strahlung per Handy mit unterschiedlichen Schwerpunkten (z. B. zum Zusammenhang zwischen der Nutzung von Mobiltelefonen und Kopfschmerzen, Cerutti et al., 2016; zu den Auswirkungen von Mobiltelefonen auf den Schlaf, Eyvazlou et al., 2016; zur kognitiven Leistung von Kindern in Abhängigkeit von ihren Handynutzungsgewohnheiten – Hier gibt es uneindeutige Ergebnisse! –, Guxens et al., 2016). Die häufig in den Medien aufgegriffene Frage, ob die Nähe zum Handy aufgrund der davon ausgehenden elektromagnetischen Strahlung die Schlafqualität beeinträchtigt, beantworten Huss et al. (2015) an einer

Stichprobe mit 2 361 Kindern im Alter von sieben Jahren mit einem vorsichtigen „Nein“, wobei sie ausdrücklich darauf hinweisen, dass andere, mit dem Handy assoziierte Faktoren sehr wohl Einfluss nehmen könnten. Auch Mohler et al. (2012) finden keinen Zusammenhang zwischen Schlafqualität und elektromagnetischer Strahlung. Zheng et al. (2015) kommen allerdings zu alarmierenderen Ergebnissen: Sie fanden einen Zusammenhang zwischen Müdigkeit, Kopfschmerzen und der Dauer von Handygesprächen bei Kindern. Die Autorinnen und Autoren weisen ausdrücklich darauf hin, dass ihr Studiendesign keine kausalen Schlüsse erlaubt und die von ihnen in den Vordergrund gestellten Fragen weiterer Untersuchungen bedürfen. Liu et al. (2015) kommen zu Studienergebnissen, die darauf hindeuten, dass 3G-Handysignale die Entwicklung von Hirntumoren nicht begünstigen. Coureau et al. (2014) finden hingegen Ergebnisse, die einen möglichen Zusammenhang zwischen starker Handynutzung und Hirntumoren nahelegen. In der Literatur herrscht also noch Uneinigkeit, was die Auswirkungen von Handygebrauch auf den Körper betrifft. Zusätzlich erschweren die zum Teil von der Handyindustrie finanzierten Projekte die objektive Interpretation aller vorliegenden Daten.

Um die Auswirkungen von Handys auf den Körper und die Psyche befriedigend darstellen zu können, müssten Untersuchungen jahrzehntelang durchgeführt und Langzeiteffekte beobachtet werden. Rosenberg (2013) schlägt daher Vorsicht im Umgang mit elektromagnetischen Feldern vor. Übermäßiger Handygebrauch lässt sich, mitunter nicht ganz ohne Widerstände des Nachwuchses, vermeiden, der elektromagnetischen Strahlung durch Handymasten kann man sich aber nur schwer entziehen. Auch zu diesem Thema gibt es einige Studien, deren Interpretation oft schwerfällt. Klaps et al. (2016) führen die Ergebnisse von 18 solcher Studien in einer Metaanalyse zusammen und kommen zu einem spannenden Ergebnis: Bei verblendeten Studien, also bei Untersuchungen mit Personen, die nicht wissen, dass sie in der Nähe eines Handymasts leben, zeigen sich keine Effekte auf ihr Wohlbefinden. Teilnehmende an unverblendeten Studien, also Menschen die über ihre Nähe zu Handymasten informiert sind, leiden dagegen unter einer Vielzahl an Beschwerden. Die wissenschaftliche Erklärung hierfür könnte der „Nocebo-Effekt“, also ein negativer Placebo-Effekt, sein. Das bedeutet in diesem Fall, dass Menschen, die in der Nähe von Handymasten wohnen, und denen das bewusst ist, psychosomatische Beschwerden entwickeln könnten. Ihre Angst vor möglichen Beschwerden führt dazu, dass ihr Körper, obwohl es dafür keinen greifbaren Grund gibt, mit unterschiedlichen Unpässlichkeiten reagiert.

Yamazaki et al. (2023) fanden Hinweise auf einen Zusammenhang zwischen Unaufmerksamkeit und Hyperaktivität und der Exposition von WLAN bei Kindern. Allerdings leiden nicht nur Kinder, sondern auch Erwachsene häufig unter einem Problem, das weniger durch das Handy als durch ihre Nutzungsgewohnheiten ausgelöst wird: Durch das ständige Leuchten und Läuten ihrer Geräte in unmittelbarer Nähe des Bettes wird ihr Schlaf unterbrochen. Diese Unterbrechung kann wiederum zum endlosen Surfen durchs Internet verführen, das erst recht zu massiven Schlafzeitverkürzungen führt. In einigen Studien wird das Handy daher als die Schlafqualität gefährdender Faktor diskutiert (beispielsweise von Bartel et al., 2016). In einer ebenfalls 2016 erschienenen Untersuchung wird darauf hingewiesen, dass das Senden und Empfangen von Nachrichten oder auch das Entgegennehmen von Anrufen, nachdem das Licht im Schlafzimmer bereits abgeschaltet wurde, sich negativ auf die Schlafqualität auswirkt (Exelmans & Van den Bulck, 2016).

Auf die Frage „Was machst du die ganze Zeit am Handy?“ kennen leidgeplagte Eltern unterschiedlich präzise und unterschiedlich höfliche Antworten. Die JIM-Studie gibt klaren Aufschluss darüber, was Jugendliche an den Bildschirm fesseln könnte: Messengerdienste wie WhatsApp und Social-Media-Plattformen sind ein wesentlicher Bestandteil der Freizeit von Jugendlichen, wobei 2022 WhatsApp als der wichtigste Dienst zur Kommunikation identifiziert werden konnte: 93 % der befragten Jugendlichen nutzen ihn, 85 % täglich. Auf dem zweiten Nutzungsplatz liegt Instagram, eine Plattform, die von Mädchen (70 %) deutlich häufiger angesteuert wird als von Jungen (54 %). Über die Hälfte (54 %) der in der JIM-Studie befragten Jugendlichen nutzen TikTok regelmäßig (Mädchen: 61 %; Jungen: 48 %), 28 % nutzen Facebook und 16 % die Plattform Discord, über die ebenfalls Nachrichten ausgetauscht werden können. Snapchat wird häufiger von Mädchen (52 %) als von Jungen (38 %) verwendet. Pinterest (13 %) und Facetime (12 %) werden ebenfalls eingesetzt (Feierabend et al., 2022a).

1.1.2.3 In welcher Form nutzen Kinder und Jugendliche das Fernsehen?

Die Liebe zum Fernsehen wird schon früh ausgebildet – und zwar im Familienkontext. Das Fernsehen dient vielen Familien nicht nur als Informations- und Unterhaltungsquelle, sondern ist auch Kulisse familiärer Zusammenkünfte (Bundesministerium für Familie, Senioren, Frauen und

Jugend, 2013). Entgegen dem Eindruck vieler verzweifelter Erziehungsberechtigter, die bis heute vor den „viereckigen Augen“ durch zu viel TV-Nutzung warnen, sind Kinder und Jugendliche nicht die ausdauerndsten TV-Rezipienten. Die Zeitspanne, die mit Fernsehen verbracht wird, ist vom Lebenskontext der Nutzerinnern und Nutzer abhängig und wird stark durch sozioökonomische Faktoren wie dem Alter beeinflusst. Während das Fernsehen für Kinder und Jugendliche nur einen von vielen Unterhaltungsbereichen und nur eine von vielen Freizeitgestaltungsmöglichkeiten darstellt, gewinnt es mit zunehmendem Alter offenbar an Bedeutung. Im Jahr 2023 lag die durchschnittliche tägliche Fernsehdauer aller Altersgruppen ab drei Jahren in Deutschland bei rund 182 Minuten. Die Fernsehdauer hängt jedoch stark vom Alter ab: Während im Jahresdurchschnitt 2022 Kinder im Alter von 3 bis 13 Jahren rund 37 Minuten Fernsehen schauten, lag dieser Wert bei der Altersgruppe der über 30- bis 49-Jährigen bei 136 Minuten. Personen ab 60 Jahren verbringen durchschnittlich sogar drei Stunden und mehr pro Tag vor dem Fernsehgerät (Statista, 2024a, b). Insgesamt hat sich die Sehdauer von Kindern seit 2010 deutlich reduziert. Ob sich dieser Trend in den nachfolgenden Generationen, die mit deutlich mehr digitalen Medien als dem Fernseher aufwachsen, fortsetzt, wird sich in den nächsten Jahrzehnten zeigen. Möglicherweise steigt die Mediennutzungsdauer nicht abhängig vom Alter der Nutzerinnen und Nutzer, sondern viel eher von verfügbaren Zeitkontingenten, die ab dem Pensionsalter größer werden. Obwohl der Fernseher durch das Internet und Angebote wie Netflix möglicherweise an Bedeutung verliert, spielt er in den meisten Familien immer noch eine wichtige Rolle. Nicht nur vor dem Bildschirm, auch in ihrer alltäglichen Umgebung sind Kinder ständig mit Fernsehinhalten konfrontiert: In der Schule tauschen sie sich mit ihren Mitschülerinnen und Mitschülern über ihre Lieblingsserien aus, auf dem Federmäppchen zeigt ihre Lieblingscomicfigur stolz ihr Konterfei und an Karneval verkleiden sich Millionen von Mädchen als ihre Disney-Heldin Prinzessin Elsa. Auch die Musikindustrie orientiert sich an Fernsehfiguren und es gibt Soundtracks zu beliebten Serien, die gerade bei jüngeren Nutzerinnen und Nutzern Begeisterungsstürme auslösen. Selbst im Supermarkt kann man sich der Fernsehwelt nicht völlig entziehen, gibt es doch kaum eine Produktkategorie, in der nicht auf Fernsehinhalte Bezug genommen wird. Von Cornflakes-Schachteln, auf denen das Konterfei beliebter Serienstars abgebildet ist, bis hin zu Duschgels, die mit Comicfiguren dekoriert sind, zitieren viele Produktverpackungen Fernsehinhalte und erhöhen damit die Relevanz dieser Inhalte in der Alltagswelt der Konsumentinnen und Konsumenten.

gendlichen geben Eckpfeiler vor, nach denen sich junge Mediennutzerinnen und -nutzer richten können. Sozialisationsinstanzen wie die Schule sollten über ihre Verantwortung im Zusammenhang mit neuen Medien aufgeklärt werden, um damit zusammenhängende Aufgaben erkennen und lösen zu können (weitere Informationen hierzu finden sich unter https://www.medienkompetenzbericht.de). In Kapitel 4 werden Möglichkeiten der Medienerziehung in der Familie (vgl. Kapitel 4.1) sowie in der Schule (vgl. Kapitel 4.2) im Detail erörtert. Die Familie gibt die Möglichkeiten vor, innerhalb derer Kinder und Jugendliche sich Medienkompetenz aneignen können. Das Verhalten der Eltern im Umgang mit Medien wird übernommen und gibt den Raum für erste Medienerfahrungen von Kindern vor. Hoffmann (2013) beschreibt es als Aufgabe der Eltern, die Alltagsrelevanz von Medien und die damit einhergehenden Bedürfnisse ihrer Kinder wahr- und ernst zu nehmen, selbst wenn diese nicht den eigenen Bedürfnissen oder dem eigenen Verständnis entsprechen, facettenreichen und kritischen Medienumgang möglich zu machen sowie diesen Umgang zu begleiten und wenn nötig in konstruktive Bahnen zu lenken. Er betont die Vorbildfunktion der Eltern und beschreibt Mediensozialisation als Lernen am Modell, also als Orientierung am Verhalten des sozialen Umfelds (vgl. auch Kapitel 1.1.2.2). Probleme ergeben sich an dieser Stelle aus der Tatsache, dass auch Erwachsene häufig Schwierigkeiten im Umgang mit digitalen Medien haben und zudem viele von Kindern und Jugendlichen favorisierte Angebote gar nicht kennen. Auch deshalb ist es nötig, dass der Umgang mit Medien auch in der Erwachsenenbildung thematisiert wird. Da die digitale Medienwelt sich heute so schnell verändert, reichen die möglicherweise in der Schule vermittelten Kompetenzen nicht mehr für die gesamte Lebensspanne.

Fallbeispiel: Anna

Die 38-jährige Anna ist alleinerziehende Mutter von zwei Kindern im Alter von 16 Monaten und vier Jahren. Außerdem ist sie selbstständig als Innenarchitektin tätig. Beruf und Familie zu vereinen wäre für sie ohne das Smartphone, das sie eigentlich immer in der Hand hält, unmöglich. E-Mails kann sie auf diese Weise in der U-Bahn beantworten, wenn sie die Kinder aus der Tagesstätte abholt, Anrufe nimmt sie auch am Spielplatz entgegen. Ihre ältere Tochter hat selbstverständlich ein Spielhandy, von dem sie, ebenso wie ihre Mutter, kaum zu trennen ist. Annas jüngerer Sohn ist ebenfalls gut mit dem Smartphone vertraut. Wenn er müde ist, spielt

Anna ihm Musik vor, ist ihm bei einem geschäftlichen Termin langweilig, darf er sich Fotos ansehen und zwischendurch läutet und blinkt es zu seinem großen Amüsement unaufhörlich. Seit einigen Wochen schreit er, sobald Anna ihm das Telefon aus den Händen „schälen" möchte, und lässt es nicht zu, dass sie es ihm länger als für einen Anruf entwendet. Genau wie seine Mutter möchte er das Smartphone nicht mehr aus der Hand legen, weshalb Anna über ein kurzfristig verhängtes Medienverbot für sich und ihre Kinder nachdenkt.

2 Chancen digitaler Medien für Kinder und Jugendliche

Neben allen Gefahren, die durch eine populärwissenschaftliche Aufbereitung viel mediale Aufmerksamkeit bekommen, bieten digitale Medien auch eine Fülle an Chancen für Kinder und Jugendliche. Im Folgenden werden die Chancen vorgestellt, die unter der Perspektive wichtiger Entwicklungsaufgaben in dieser Altersgruppe eine besondere Bedeutung haben.

2.1 Identitätsentwicklung

Ein wichtiger Teil der Entwicklung von Jugendlichen ist die Ablösung von den Eltern und die verstärkte Orientierung an Gleichaltrigen. Heute spielen digitale Medien bei dieser Ablösung insofern eine große Rolle, als soziale Medien stark zum Aufbau und zur Pflege sozialer Beziehungen genutzt werden. Jugendliche entwerfen und vermitteln in sozialen Medien ein Selbstbild, das von Gleichaltrigen aufgenommen und rückgemeldet wird. Anders als klassische Sozialisationsstätten wie die Schule sind Kommunikationsstrukturen hier sehr häufig unbeeinflusst von Erwachsenen. Jugendliche können sich über soziale Medien also zum ersten Mal unbeobachtet ausprobieren und sehen, wie die von ihnen entworfene und präsentierte Identität bei anderen ankommt. Welche Gefahren sich hieraus ergeben können, wird in Kapitel 3 eingehend diskutiert. Sicher ist, dass dieser Prozess wesentlich für die Formung der Identität ist. Auf Plattformen wie Instagram haben Jugendliche eine Bühne, auf der sie Gedanken und Ideen austauschen können und von Menschen auf der ganzen Welt Rückmeldung erhalten können. Soziale Beziehungen können trotz Distanz aufrechterhalten oder aufgebaut werden, es kommt zu Gruppenbildung, die über das Austauschen von Fotos, Musik usw. verstärkt wird, und es entsteht ein Zugehörigkeitsgefühl, das Pubertierenden in einer oft verwirrenden und orientierungslosen Zeit Rückhalt bietet. Dem Aufnehmen und Posten von Fotos von sich selbst in sozialen Netzwerken kommt hier eine besondere Bedeutung zu (mehr dazu in Kapitel 2.1.1).

Im digitalen Raum Teil einer sozialen Gruppe zu sein, kann Möglichkeiten zur Identitätsentwicklung eröffnen, die offline nicht zur Verfügung stehen. Herausfordernde Elemente der Identitätskonstruktion wie die Anerkennung der eigenen Sexualität, wenn sie von der wahrgenommenen Norm abweicht, können in Online-Communitys thematisiert werden (Bates et al., 2020). LGBTQ+-Jugendliche können in Online-Communitys Gelegenheit haben, sich in neuen Rollen auszuprobieren und sich auszutauschen (Craig et al., 2021). Der breitere soziokulturelle Erfahrungsraum, den das Internet bietet, kann zur Entfaltung der Identität beitragen. „Safe spaces", die laut einer qualitativen Studie von Bates et al. (2020) in Online-Communitys bestehen, können dabei unterstützend wirken. Zugehörigkeit, die einer Person wegen vorherrschender Vorurteile oder gar Diskriminierung im unmittelbaren sozialen Umfeld verwehrt wird, kann online als Teil einer Queer-Community erfahren werden.

Auf „Selfies" (vgl. Kapitel 2.1.1) werden Aspekte des Selbst kommuniziert und über gruppenspezifische Symbole dargestellt. Eine Theorie, die begreifbarer macht, was bei der Selbstdarstellung über Social Media vorgeht, ist die Theorie der symbolischen Selbstergänzung, die gerade im Zusammenhang mit Online-Communitys spannende Erkenntnisse bietet.

Zentral für die Theorie der symbolischen Selbstergänzung ist die Vorstellung, dass das Selbst eine dynamische, agierende Entität ist, nach deren Entwicklung und Gestaltung Menschen streben. Spezifische Handlungen und Äußerungen machen die Erreichung eines selbstgewählten Ziels möglich. Menschen haben also eine bestimmte Vorstellung davon, wer sie sein wollen und wodurch dieses optimale Selbst symbolisiert werden könnte. Das kann ein bestimmtes optisches Merkmal sein, ein akademischer Abschluss, ein bestimmter Musikgeschmack, Wohlstand, Werthaltungen, Insiderwissen usw. Diese „Symbole einer Selbstdefinition" sind für eine Person Arbeitsschritte und gleichzeitig Beweise, die sie näher an ihr „Identitätsziel" bringen. Der Einsatz bestimmter Symbole unterstützt dabei, die Selbstdefinition zu stabilisieren und weiter auszuarbeiten (Gollwitzer et al., 2002). Welche Symbole geeignet sind, um eine bestimmte Selbstvorstellung zu unterstreichen und nach außen zu kommunizieren, wird über die Zugehörigkeit zu bestimmten sozialen Gruppen wie beispielsweise Online-Communitys verhandelt, wodurch die Symbole zu gesellschaftlich definierten Orientierungspunkten werden (Habermas, 1996). Dabei können Symbole von allgemeiner gesellschaftlicher Relevanz sein. So sind bestimmte Berufsbilder von sozialen Zuschreibungen betroffen, es können aber auch in kleinen Systemen wie Foren oder sozialen Plattformen symbolhafte Orientierungspunkte beobachtet werden. Schulklassen haben unter Umständen völlig verschiedene Symbole, die vom Erfahrungsraum abhängen und Unbeteiligten, z.B. Eltern oder dem Lehrpersonal, völlig undurchsichtig erscheinen. Es bedarf eines sozialen Raums, ob nun online oder offline, damit die Symbole der Selbstdefinition zur Kenntnis genommen werden können. Sie haben innerhalb sozialer Gruppen kommunikative Funktionen und dienen als Hinweis darauf, dass die Person, die sie zur Schau stellt, ihren auf ihr Selbst bezogenen Zielen mit Erfolg nachgeht. Dass das Publikum dieser Anstrengungen die Symbole tatsächlich als Nachweis für den Erfolg des Individuums wahrnimmt, ist zweitrangig, solange das Individuum sich der Wirksamkeit seiner sozialen Realisierungsanstrengung sicher ist (Gollwitzer et al., 2002).

Bildorientierte Communitys wie Instagram oder TikTok bieten eine besonders einfache Gelegenheit, über Symbole und gesellschaftlich festgelegte Codes zu kommunizieren, die für eine bestimmte soziale Gruppe verständlich und bedeutungsvoll sind. Mithilfe der einfachen, durchkomponierten und schnell erfassbaren Bildsprache wird auf den Besitz relevanter Symbole hingewiesen, wobei neben Dingen auch die Kommunikation von Bildung, Abenteuerlust, Mut, Status, Freundschaften oder anderen für die Person relevanten Inhalten bedeutsam sind. Die Teilnahme an einem Konzert wird so über den Konzertbesuch hinaus bedeutsam: Das TikTok-Video dazu zeigt den Musikgeschmack der Person und damit eventuell verbundene Insiderqualitäten oder Werthaltungen, für die die Musik stehen kann. Durch die ebenfalls abgebildete Gesellschaft wird bewiesen, dass die Person sozial kompetent ist und Freundschaften knüpfen konnte, und schließlich steht der Konzertbesuch für einen bestimmten aktiven, genussfreudigen Lebensstil. Darüber hinaus könnte in so einem Video durch bestimmte Verhaltensweisen wie Mitsingen oder Tanzen auch noch etwas über die Persönlichkeit der abgebildeten Person verraten werden, was ihr zum positiven Selbstmanagement dient. Durch die Kenntnisnahme durch andere wird diese Darstellung nach Gollwitzer et al. (2002) zur sozialen Tatsache. Daraus kann sich ein positiver Aspekt dieser Art der Nutzung sozialer Medien ergeben: Die Kommunikation bestimmter Werthaltungen und Ziele auf sozialen Plattformen kann demnach dabei unterstützen, diese Ziele zu erreichen und tatsächlich ins Selbstbild zu integrieren. Durch die Selbstdarstellung könnten sich also gewünschte und wünschenswerte Verhaltensweisen und Erlebensweisen festigen und in die Identitätskonstruktion mitaufgenommen werden.

2.1.1 Selfies

Als 2013 das Wort „Selfie“ zum Wort des Jahres gekrönt wurde, ließ es sich nicht mehr leugnen: Das Selbstporträt ist der größte Fotografietrend unserer Zeit. Gerade für Kinder und Jugendliche ist es selbstverständlich, sich zum Teil mehrmals am Tag selbst zu fotografieren und diese häufig stark bearbeiteten Bilder ins Netz zu stellen, wo sie durch den Freundes- und Bekanntenkreis, aber auch von völlig Fremden beurteilt und kommentiert werden. Dieser auf den ersten Blick eitle, aber harmlose Zeitvertreib rückt immer mehr ins Interesse der Forschung. Welche Mechanismen stecken hinter der großen Lust zur Selbstpräsentation? Welche sozialen Prozesse werden durch das Teilen und schonungslose Kommentieren dieser Selbstdarstellungen ausgelöst? Ist das häufige Aufnehmen und Posten von Selfies gar Ausdruck psychischer Probleme?

Selfies: Hintergrundwissen

Das einfache „Selfie“ ist ein Selbstporträt, das die fotografierende Person ohne andere Personen in einer bestimmten Pose oder bei bestimmten Tätigkeiten zeigt. Mit armlanger Entfernung wird ein Ausschnitt aus dem Leben der fotografierenden Person gezeigt, der zum Ziel hat, diese Person möglichst attraktiv darzustellen, wobei sich diese Attraktivität nicht nur auf das Aussehen, sondern auch auf die fotografierte Aktivität beziehen kann. Inzwischen haben sich außerdem unterschiedliche Formen des Selfies entwickelt, die verschiedene Aspekte des Bildes betonen und auch eigene Bezeichnungen haben. Bei Eichenberg und Bendas (2017) wird das Gruppenselfie als „Ussie“ (Us=Wir) angeführt, während das „Relfie“ (R=Relationship) Paare abbildet, die ihr Glück mit der Welt teilen wollen. Nicht nur berühmte Persönlichkeiten, Schauspielerinnen und Models posten auf ihren Instagram-Accounts sogenannte „Belfies“ (B=Butt, engl. für Hintern). Weitere Abwandlungen des Selfies sind sich selbst parodierende Formen der Darstellung: Vor allem bei Mädchen beliebt ist das sogenannte „Duckface“ (der Mund wird dabei zur „Entenschnute“ verzogen). Das „Sugly“ verfolgt ein völlig anderes Ziel als das konventionelle Selfie. Statt die eigene Attraktivität in den Vordergrund zu stellen, soll das Bild durch Grimassen in erster Linie möglichst komisch sein. Das „Drelfie“ (D=Drunk) schließlich zeigt seine Protagonisten offensichtlich betrunken. Die zahlreichen Varianten des zum

stätigt und komplizierte soziale Botschaften kommuniziert (Knoll et al., 2014). Akribisch wie Forscher, die seltene, scheue Tiere untersuchen, beobachten Jugendliche Interaktionen auf sozialen Plattformen und interpretieren diese, um ihren eigenen sozialen Status und die Beziehungen anderer zu kennen. Durch die positive, negative oder unterlassene Bewertung eines Bildes des Lebens einer Person, die in Form eines Selbstporträts ihr – wenn auch stark inszeniertes – Selbst zum Rating freigibt, geben Kinder und Jugendliche Einstellungen zur abgebildeten Person bekannt. Während die positive Rezeption solcher Bilder sich stärkend auf den Selbstwert auswirkt, können kritische Reaktionen schnell außer Kontrolle geraten und im schlimmsten Falle in Formen des Cybermobbings abgleiten (vgl. Kapitel 3.1.4).

Eine für Erwachsene meist undurchsichtige und schwer nachvollziehbare Besonderheit der Online-Kommunikation sind Codes, die bestimmte Emoticons, Ausdrücke oder Hashtags beinhalten. Hier empfiehlt es sich, Kinder und Jugendliche zu einem „Einführungskurs" für Erwachsene anzuregen. Die meisten jungen Nutzerinnen und Nutzer werden die unwissenden Erwachsenen mit viel Spaß über die verschiedenen Sinnebenen ihrer Kommentare aufklären. So geben sie Erwachsenen die Möglichkeit, z. B. verstecktes Mobbing zu erkennen und schnell zu reagieren.

Fallbeispiel: Maria

Maria (13) ist neu in ihrer Schule und niemand bemerkt sie so richtig. Sie hat große Schwierigkeiten, neue Freundinnen und Freunde zu finden und bewundert es, wie beliebt ihre Klassenkollegin Flora ist und nicht nur mit den Kindern in ihrer Klasse, sondern auch mit Schülerinnen und Schülern anderer Klassen witzelt. Mit Maria spricht hingegen kaum jemand, und wenn, ist es zumeist ein abfälliger Kommentar über ihre Kleidung, ihre Frisur oder bestimmte Wörter, die sie sagt, und die nicht recht in die neue Umgebung passen wollen. Zu Hause scrollt Maria durch das Facebook-Profil der beliebten Flora und sieht die unzähligen Selfies, die dort kommentiert und gelikt werden. Flora mit Kussmund, Flora mit Freunden, Flora auf einer Party, Flora auf einem Konzert. Maria hofft, durch ein ähnliches Foto ebenso viel Aufmerksamkeit erreichen zu können und ihre Beliebtheit so zu steigern. Leider wird das Foto, das sie von sich im Garten ihrer Eltern mit ihrer Tigerkatze auf der Schulter schießt, nicht gelikt, sondern es sammeln sich gehässige

Kommentare. Am nächsten Tag in der Schule setzen sich die Witzeleien über ihr Selfie in der Klasse fort.

Fallbeispiel: Nina

Nina nutzt wie alle ihre Mitschülerinnen und Mitschüler die Fotoplattform Instagram, auf der insbesondere Selfies geteilt werden. Genau wie die anderen stellt Nina mit großer Begeisterung Fotos von sich selbst beim Schwimmen, mit ihren Haustieren oder mit Freunden ins Internet. Leider zielen die Kommentare hauptsächlich auf Ninas Übergewicht ab und sind nicht gerade freundlich. Als Ninas Mutter merkt, dass Nina gar nicht mehr in die Schule gehen will, das Essen verweigert und häufig niedergeschlagen ist, sucht sie nach der Ursache für dieses Verhalten, die bald in den gehässigen Kommentaren unter Ninas Fotos gefunden ist. Sofort sucht sie Kontakt zu den Lehrkräften, die wegen dieses Falles von Cybermobbing umgehend mit den Kindern der Klasse schimpfen und ihnen Sanktionen androhen, sollte so etwas noch einmal vorkommen. Seit dieser Intervention wird Nina nicht nur geschnitten, sondern es häufen sich ironische Kommentare ihrer Mitschülerinnen und Mitschüler zu ihrer „beneidenswerten und perfekten" Figur.

2.1.3 Gefahren digitaler Selbstdarstellung

Die Anonymität, die die Kommunikation über das Internet in manchen Fällen mit sich bringt, wirft, gerade wenn es um Selbstdarstellung geht, Fragen auf: Wie realistisch ist das Bild, das Menschen, die sich im Internet bewegen, von sich zeichnen? Verfügt der nette Mann, der auf der Seite der Partnervermittlung erspäht wurde, wirklich über mehrere Doktortitel und eine aufsehenerregende Haarpracht oder steht man beim ersten Treffen einem dickbäuchigen ewigen Studenten mit Halbglatze gegenüber? Ist die ehemalige Schulkollegin wirklich kaum einen Tag gealtert, oder ist das Bild, das ihr Facebook-Profil ziert, vielleicht über fünfzehn Jahre alt? Und, viel brisanter: Ist das junge Mädchen, mit dem mein Kind spielt, wirklich eine Zwölfjährige, die sich begeistert für Pferde interessiert, oder sitzt hinter dem anderen Gerät eine völlig andere Person? Die Sorge, dass soziale Netzwerke, Chatplattformen und ähnliche Angebote die Nutzerinnen und Nutzer dazu einladen, eine andere Identität anzunehmen und zu lügen, wurde bereits in den 1990er und 2000er Jahren wissenschaftlich untersucht (z.B. Döring, 2000). Zusammenfassend zeigte die Forschung, dass das Internet aufgrund des durch mediale Eigenschaften begünstigten „disinhibition effect" (Suler, 2004) sowohl ehrlicheres als auch antisoziales Verhalten begünstigt.

Abgesehen davon, dass die Selbstinszenierung Jugendlicher Gleichaltrige zum Mobbing verleiten kann, können auch andere negative Aspekte des Selfie-Trends ausgemacht werden. Zum einen wird das in der Pubertät ohnehin fragile Selbstbild durch die Reaktionen und das ständige Rating der eigenen Person angegriffen. Zum anderen beziehen sich diese Reaktionen ausschließlich auf äußere Merkmale der abgebildeten Person, was zu einer Fokussierung auf die Optik und zu einer Ausklammerung aller intellektuellen Fähigkeiten und menschlicher Werte führen kann. Selbst wenn intellektuelle oder soziale Inhalte über das Selfie kommuniziert werden sollen, passiert das immer nur unter Bezugnahme auf optische Hinweisreize, wie z.B. Bücher im Hintergrund, oder über Attribute, die Stereotypen entsprechen und so auf ebensolche Fähigkeiten verweisen, wie beispielsweise die Brille. Neben dieser sehr seichten Wahrnehmung der menschlichen Persönlichkeit stellt auch die erhöhte Risikobereitschaft, die auf der Jagd nach dem besten Selfie eintritt, eine Gefahr für jugendliche Nutzer da. Um ein besonders beeindruckendes Bild zu schießen, setzen sie sich gefährlichen Situationen aus – zum Teil mit schwerwiegenden Konsequenzen, wie die folgenden Fallbeispiele illustrieren.

Fallbeispiele

- 2014 verunglückte ein 27-jähriger Musiker bei dem Versuch, sich während einer Fahrt mit dem Motorrad zu fotografieren.
- Eine 18-Jährige, die sich auf dem Dach eines Zuges fotografieren wollte, kam bei diesem Versuch der Oberleitung zu nahe und starb an den Verbrennungsfolgen des 27 000 Volt starken Stromstoßes.
- Ein Paar starb bei dem Versuch, sich abseits der Absperrungen auf einer Klippe in Portugal selbst zu fotografieren. Sie verloren den Halt und stürzten ins Meer (https://www.krone.at/473456).
- Die 2016 erschienene Studie „Me, Myself and my Killfie" offenbart, dass seit März 2014 127 Personen beim Versuch, ein Selfie zu schießen, ums Leben kamen. Die häufigste selfieassoziierte Todesursache: Stürze aus großer Höhe (Lamba et al., 2016)!

Weniger lebensbedrohlich, aber dennoch belastend ist die Realitätsverzerrung, die Selfies von berühmten Persönlichkeiten, aber auch von Mitgliedern der Peergroup auslösen können. Auf sozialen Plattformen werden hauptsächlich positive Inhalte und besonders schmeichelhafte Fotos geteilt. Diese Fotos werden häufig durch Requisiten unterstützt, die Begehrlichkeiten und Unzufriedenheit auslösen. Wer solche Fotos sieht, stellt sich Fragen wie: Warum kann sich die Bloggerin xy die teuren Schuhe leisten und ich nicht? Wieso kann sie ständig Süßigkeiten essen und hat trotzdem eine perfekte Figur? Inzwischen widmen sich eigene Seiten humorvoll diesem Phänomen und unterstützen „Normalo"-Nutzerinnen und -Nutzer dabei, diese Schummeleien zu erkennen und zu hinterfragen. Ein Beispiel hierfür ist der Instagram-Account „Youdidnoteatthat" (vgl. Abbildung 4), auf dem Fotos von Models, Bloggerinnen oder Schauspielerinnen gesammelt werden, die offensichtlich sehr streng auf ihre Figur achten, sich aber trotzdem ständig mit hochkalorischen Nahrungsmitteln ablichten. Die Seite persifliert dieses Verhalten und stellt die Absichten dahinter infrage, ohne den Zeigefinger tadelnd zu erheben.

Ein weiteres Thema im Zusammenhang mit der Selbstdarstellung und -öffnung stellt die sogenannte MeToo-Bewegung im Internet dar. Im Oktober 2017 berichtete die New York Times darüber, dass dem Hollywood-Produzenten Harvey Weinstein sexuelle Belästigung vorgeworfen wird, woraufhin die Schauspielerin Alyssa Milano auf Twitter schrieb: „Wenn alle Frauen, die sexuell belästigt oder angegriffen wurden, als Status ‚Ich auch.' [‚Me too.'] schreiben würden, könnten wir den Menschen ein Gefühl für das Ausmaß des Problems geben" (eigene Übersetzung). Die Bewegung begann in den sozialen Medien: So wurde #MeToo in den ersten zwei Wochen über 1.8 Millionen Mal auf Twitter gepostet (Gallagher et al., 2019). Sie trug dazu bei, eine breite Öffentlichkeit für sexuelle Übergriffe und Gewalt sowie für deren alltägliche Hinnahme zu sensibilisieren. Das warf auch die Frage auf, welche Auswirkungen das Posten dieses Hashtags auf die Betroffenen hat (Eichenberg & Huss, 2023).

Gallagher et al. (2019) analysierten 2 500 repräsentative Tweets: 97.4 % wurden von Frauen verfasst, 46.2 % beinhalteten eine persönliche Erfahrung mit sexueller Gewalt und die restlichen 53.8 % enthielten Diskussionen über sexuelle Gewalt, gesellschaftliche Prozesse sowie Aussagen über Personen des öffentlichen Lebens. Unter den Betroffenen beschrieben 32.3 % explizit ihren sexuellen Missbrauch. In dieser Untersuchung reagierten nur 2.1 % mit Unglauben auf die Tweets. In einer stichprobenartigen Analyse von Tweets und Reaktionen konnten Bogen und Orchowski (2021) zeigen, dass 37.5 % der Tweets von Betroffenen den erlebten sexuellen Missbrauch zum Inhalt hatten und das Verhältnis von positiven zu negativen Reaktionen auf die Tweets von Betroffenen bei 2 zu 1 lag; negative Reaktionen waren Victim Blaming (Opferbeschuldigung), Unglauben, spöttische Kommentare oder Druckausüben (z. B. zu einer Anzeige drängen). Richmond und Johnson (2021) berichten, dass 70 bis 72 % der Betroffenen, die das #MeToo gesetzt hatten, negative Reaktionen erlebten. Daran lässt sich sehen, dass die Bewegung nicht nur positive, sondern auch negative Konsequenzen mit sich bringt. Als positive Auswirkungen der Bewegung werden folgende diskutiert: die nachhaltige öffentliche Sensibilisierung, eine erhöhte Wahrscheinlichkeit der Strafverfolgung nach einem Sexualdelikt, Solidarität unter den Betroffenen und Unterstützung des Empowerments für Opfer. Kritisiert wird die

Abbildung 4: Instagram-Account „Youdidnoteatthat“

Bewegung mit dem Argument, dass Vergewaltigung und sexueller Missbrauch gleichbehandelt werde wie sexuelle Kommentare, was eine Verharmlosung ersterer Straftaten zur Folge habe (Sagener, 2017).

Eine Studie von Eichenberg et al. (2022, Juni) hat gezeigt, dass ein großer Teil der Teilnehmenden durch das Setzen des #MeToo erneut traumatisiert wurde. Die Erklärungen dafür sowie differenzierte Ergebnisse sind in Eichenberg und Huss (2023) nachzulesen. Wir greifen das Thema an dieser Stelle auf, damit Eltern oder andere Bezugspersonen von Heranwachsenden, die sexuellen Missbrauch erlebt haben, um diesen Hashtag wissen und gemeinsam mit den Betroffenen eruieren, ob sie den Hashtag schon gepostet haben oder planen, dies zu tun, und wenn ja, mit welchen Erwartungen. Entsprechend unseren Befunden ist es ratsam, Erwartungen und damit verbundene Chancen sowie Risiken zu besprechen. Von einer Teilnahme an der Bewegung ist insbesondere dann abzuraten, wenn sich die Traumaverarbeitung noch in einem frühen Stadium befindet bzw. eine Posttraumatische Belastungsstörung (PTBS) oder eine andere nicht therapierte Traumafolgestörung vorliegt.

2.1.4 Positive Effekte der Selbstdarstellung im Internet

Die Selbstdarstellung von Kindern und Jugendlichen im Internet sorgt bei vielen Eltern für Belustigung, Augenrollen oder Achselzucken. Während humorvolle Reaktionen geplagter Väter im Internet kursieren wie die des Amerikaners Burr Martin (vgl. Abbildung 5), der die provokativen Selfies seiner Tochter Cassie nachstellt und über Instagram mit seiner wachsenden Fangemeinde teilt, überwiegen bei vielen Eltern eher die Sorgen.

Chancen der Selbstdarstellung Jugendlicher im Internet werden dabei häufig vernachlässigt. Soziale Netzwerke bieten auch Möglichkeiten, sowohl kollektive Identitäten (Knoll et al., 2014) als auch das Selbstkonzept zu stärken und ein positives Selbstbild zu entwickeln. Die Psychologin Dianne Tice fand Hinweise darauf, dass Verhalten, das in der Öffentlichkeit stattfindet, das Selbstkonzept stärker verändert, als unbeobachtete Taten hinter verschlossenen Türen es tun würden. Sie schuf damit Anfang der 1990er Jahre eine Verbindung zur frühen Soziologie, in der Charles Cooley um die Wende zum 20. Jahrhundert den Begriff des „loo-

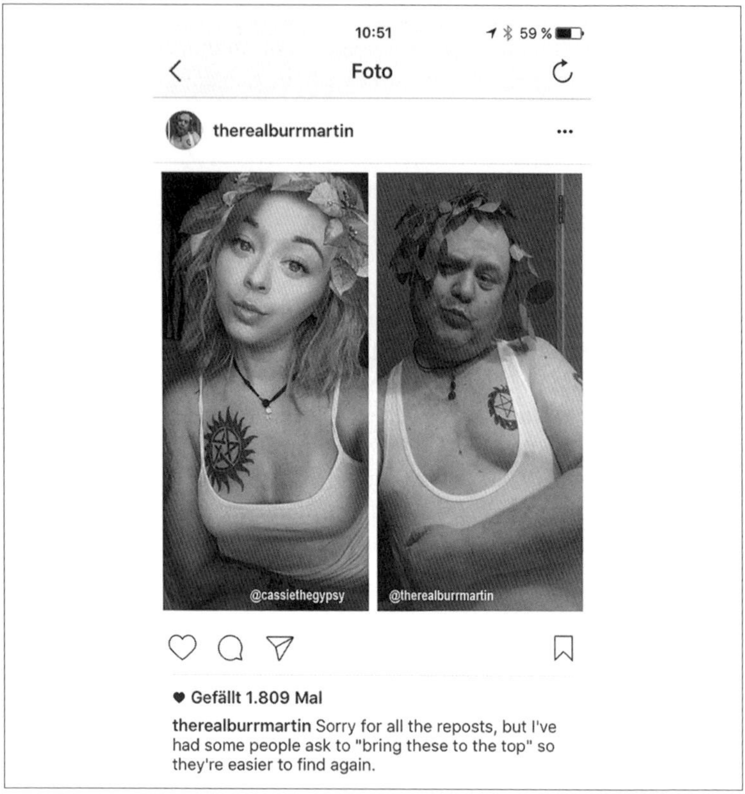

Abbildung 5: Beitrag auf dem Instagram-Profil von Burr Martin (@therealburrmartin)

king-glass self" prägte. Cooley stellte die Hypothese auf, dass das Selbstkonzept aus der vermuteten Bewertung anderer Menschen entsteht und die Identität sich erst aus dem sozialen Miteinander entwickelt. Weil das Selbstbild also in Abhängigkeit von unserer sozialen Umwelt entsteht, könnte dem Verhalten, das in der Öffentlichkeit gezeigt wird, mehr Bedeutung beigemessen werden. Unbeobachtete Taten in der Privatsphäre der eigenen vier Wände werden verdrängt, während das Verhalten im Beisein anderer aufmerksam verfolgt und durch dieses verstärkte Augenmerk eher internalisiert wird. Ihr Ruf und die damit einhergehenden sozialen Beziehungen machen es für Menschen erstrebenswert, ihr eigenes Agieren aus der Perspektive ihrer Mitmenschen zu beurteilen (Tice, 1992).

Die Untersuchungen von Tice zeigen, wie soziale Interaktion bestimmte Wesenszüge und Verhaltensweisen verstärken kann – im Positiven wie im Negativen. Da über soziale Plattformen aber zumeist positive, schmeichelhafte Bilder mit der Community geteilt werden, könnte man vermuten, dass die Selbstdarstellung über das Internet Jugendlichen genauso wie Erwachsenen dabei hilft, ihnen wünschenswert scheinende Eigenschaften in ihr Selbstkonzept aufzunehmen. Das so unterstützte positive Selbstbild spielt eine wichtige Rolle für das psychische Wohlbefinden im Allgemeinen sowie für die psychosoziale Entwicklung im Jugendalter im Speziellen. Die Möglichkeit, Aspekte unserer Identität, die wir für erfreulich halten, mit anderen zu teilen und positive Resonanz dafür zu erhalten, ist eine der Chancen sozialer Netzwerke, die auch für Kinder und Jugendliche als zentral angesehen werden (Knoll et al., 2014). Online-Profile oder mit Tagebüchern vergleichbare Plattformen ermöglichen es, in Wort und Bild bestimmte Aspekte ihres Charakters zu beleuchten und so eine Art elaborierte Visitenkarte in den Äther zu schicken. Interessen, die eigene Attraktivität, das soziale Netzwerk, eventuelles politisches Engagement oder auch bestimmte Lebensereignisse können der Öffentlichkeit oder einem ausgewählten Kreis an Bekannten gezeigt werden. Diese Darstellung und insbesondere das damit verbundene positive Feedback kann das Selbstbewusstsein stärken (Schmitt et al., 2008).

Für viele junge Menschen – aber auch für Erwachsene – überwiegen diese Vorteile und sie veröffentlichen private Informationen, die mahnend an die „gläserne" Bürgerin bzw. den „gläsernen" Bürger erinnern, den George Orwell in seinem Roman „1984" erschuf. Die Kommerzialisierung persönlicher Daten tritt in den Hintergrund, sobald ihre Offenlegung Selbstinszenierung erlaubt. Aus welchem Grund sind gerade Jugendliche so empfänglich für den Trend, ihr Innerstes ihrem Freundeskreis und ebenso Wildfremden zu offenbaren? Der Soziologe Max Weber lieferte schon lange vor der Entstehung sozialer Medien einen Erklärungsansatz: In Zeiten der Unsicherheit, so Weber, neigen Menschen dazu, sich selbst und ihr eigenes Leben zu thematisieren (Weber, 1920). Das sogenannte Social Web könnte also als Plattform der Selbstversicherung und -verortung fungieren. Identitätsbildung ist eine Entwicklungsaufgabe, die beinhaltet, nicht nur von sich selbst, sondern auch von anderen als eine bestimmte Person erkannt zu werden. Die Inszenierung über Facebook, Instagram, Snapchat, Blogs und Vlogs schafft optimale Bedingungen, um dieser Aufgabe nachzukommen, die, wie Max Webers Überlegungen zeigen, nicht erst mit der Einführung digitaler Medien aufgekommen ist.

Die Idee, das Individuum als etwas ohne jeglichen sozialen Bezug zu sehen, was seine Identität aus sich selbst herausbildet, wird in der Psychologie seit Jahrzehnten von Ansätzen abgelöst, die den sozialen Kontext betonen (z. B. Moscovici, 2001). Soziale Beziehungen spielen eine erhebliche Rolle bei der Entwicklung von Identität und Verhalten. Nach Mead (2013) erfährt das Subjekt aus der Perspektive anderer, also aus der Perspektive sozialer Kontakte, viel über sich selbst. Aus der Gruppenzugehörigkeit erschließt sich demnach, wer man ist. So bildet sich das Selbstkonzept, wie beispielsweise bei Tice (1992) beschrieben, auch aus den Zuschreibungen und Urteilen, die unser soziales Umfeld über uns fällt. Die Zugehörigkeit zu einer Gruppe, wie z. B. dem Freundeskreis, der in der Schule aufgebaut wird, bringt Bindungen, aber auch Verpflichtungen mit sich, die sich auch auf die soziale Rolle beziehen, die in diesem speziellen Kontext eingenommen wird. Nach Mead (2013) ist es sogar nur im gesellschaftlichen Kontext möglich, Identität zu entwickeln. Die Sichtweise anderer wird als Erwartungsmuster internalisiert und aus diesen Erwartungen speist sich die soziale Rolle, die abhängig vom Umfeld sehr unterschiedlich ausfallen kann. Soziale Beziehungen und die Identitätsentwicklung sind daher untrennbar miteinander verbunden.

2.2 Soziale Kompetenzen und Beziehungen

Insbesondere Jugendliche nutzen das Internet, um Kontakte zu pflegen und auch Freundinnen und Freunde, die nicht in der gleichen Stadt wohnen oder in dieselbe Schule gehen, unkompliziert und regelmäßig zu erreichen. Instant Messenger bieten eine unkomplizierte und schnelle Möglichkeit zum Nachrichtenaustausch. Sie zeigen an, welche Freundinnen und Freunde gerade online verfügbar und für eine kurze Unterhaltung bereit sind. Die verstärkte Kommunikation über das Internet ist Ausdruck guter sozialer Eingliederung in eine Peergroup, mit der auch außerhalb der Schulstunden kommuniziert wird. Selbstverständlich profitieren auch Familienbeziehungen von den neuen technischen Entwicklungen, die es z. B. erlauben, entfernt lebenden Großeltern Bilder und Videos aus dem Alltagsleben zu schicken. Die Schreibbarriere ist bei der formlosen Kommunikation über das Internet nicht so hoch wie bei einem per Post versendeten Brief, der auch deutlich später ankommt und mit dem heutzutage hauptsächlich gewichtige Informationen weitergegeben werden und kaum kleine Beobachtungen des Alltags oder Stimmungsbilder. Bereits vorhandene soziale Kontakte können mithilfe des Internets also gepflegt und vertieft werden, es bietet aber auch die Möglichkeit, neue Freundschaften aufzubauen. Über Online-Gemeinschaften und Kontaktbörsen finden sich nicht nur Paare (z.B. Eichenberg, 2010; Eichenberg, Huss et al., 2017), sondern auch Menschen mit ähnlichen Interessen. Das soziale Netzwerk kann weiter ausgebaut werden und Plattformen wie Facebook ermöglichen, bereits vorhandene Bekanntschaften im Freundeskreis zu pflegen (Döring, 2008).

Dennoch bestehen Unterschiede zwischen Online- und Offline-Freundschaften: Offline-Freundschaften haben eine höhere Qualität (in Bezug auf die Aspekte Nähe, Ähnlichkeit und Anziehung) als ausschließlich online geführte Freundschaften. Gemischte (also sowohl online als auch offline gepflegte) Freundschaften, wie sie heute eher üblich sind, sind hinsichtlich ihrer Qualität vergleichbar mit reinen Offline-Freundschaften (Antheunis et al., 2012).

Wird über die Internetnutzung von Kindern und Jugendlichen diskutiert, ergibt sich häufig ein sehr passives Bild der Nutzungsgewohnheiten, dabei überwiegen die kommunikativen und informativen Anteile gegenüber passiver Unterhaltung deutlich. Eine Studie des ifo-Instituts München zeigt, dass das Internet soziale Aktivitäten sogar fördern kann. Diese Erkenntnis ist ein wichtiges Argument gegen die Auffassung, dass die regelmäßige Nutzung neuer Medien vereinsamt. Ganz im Gegenteil werden Gruppenaktivitäten häufig im Internet initiiert, und es finden sich gemeinsame Interessen wie beispielsweise Musik oder Sport, die dann offline weiterverfolgt werden (vgl. Abbildung 6). Die außerschulischen Aktivitäten von Kindern und Jugendlichen können durch das Internet neu belebt werden und auch die Organisation regelmäßiger Treffen wird durch Online-Kommunikation deutlich vereinfacht (Bauernschuster et al., 2014).

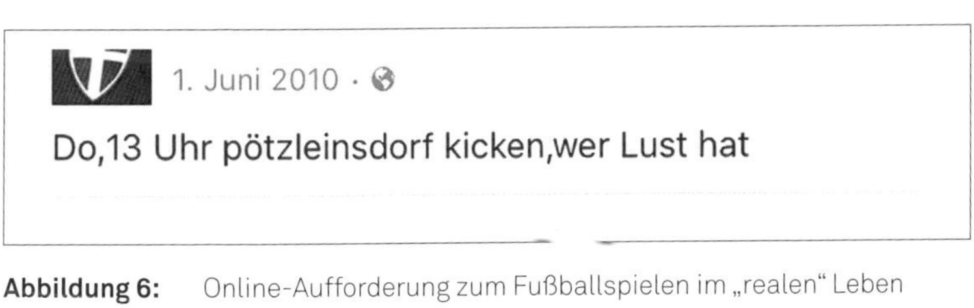

Abbildung 6: Online-Aufforderung zum Fußballspielen im „realen“ Leben

2.3 Lernen

Da der Großteil der Kinder und Jugendlichen Medien wie Handy, Fernsehen und Internet täglich – und das sogar mehrere Stunden – benutzt, wäre es schade, das große Potenzial, das diese Medien für die Bildung haben, nicht aufzugreifen. Die enorme Reichweite und Beliebtheit der digitalen Medien kann ermöglichen, Kinder und Jugendliche für bestimmte Themen zu begeistern und so Bildungsinstanzen wie die Schule zu unterstützen. Durch die Koppelung mit bereits positiv besetzten Formaten wie Apps, Computerspielen und Fernsehserien können wissensbezogene Lerninhalte allgemein, aber auch spezielle Bereiche, wie z. B. gesundheitsbezogene Themen, spielerisch vermittelt werden, ohne Widerstandshaltungen zu erzeugen oder zu verfestigen. Aufgrund dieser Vorteile besteht bereits ein umfangreicher Katalog an Erfahrungen zum Thema E-Learning und damit verbundenen spezifischen Chancen, aber auch Herausforderungen, die z. B. die Didaktik betreffen. Gerade in Kombination mit traditionellen Lehransätzen lässt sich die Einbindung neuer Medien in nahezu allen Bildungsbereichen beobachten.

Der Einsatz digitaler Medien im Unterricht bedeutet eine Veränderung im Interaktionsgeschehen zwischen Lehrkräften und Schülerinnen und Schülern, deren Wirkfaktoren und optimale Voraussetzungen zurzeit erforscht werden. Digitale Medien können zum einen als die Didaktik unterstützende Tools eingesetzt werden, etwa indem sie als Instrument genutzt werden (z. B., um für eine Hausaufgabe zu recherchieren). Zum anderen können digitale Medien selbst Gegenstand des Unterrichts werden, wenn beispielsweise über Datenschutz diskutiert wird.

Herzig (2014) stellt detailliert jene Wirkfaktoren vor, die bedeutsam für die erfolgreiche Einbindung digitaler Medien in den Unterricht sind. Das Medienangebot an sich muss sensibel auf die tatsächlichen Bedürfnisse ihrer Nutzerinnen und Nutzer zugeschnitten werden. Auch der Unterrichtsprozess und seine didaktische Struktur muss als Wirkfaktor berücksichtigt werden. Die Lehrpersonen schließlich beeinflussen durch ihre Expertise, aber auch durch Werte und Einstellungen die Gestaltung des Unterrichts mit digitalen Medien. Natürlich bestimmen auch spezifische Merkmale der Schülerinnen und Schüler, wie z. B. ihr Vorwissen, ihre altersspezifischen kognitiven Leistungen und auch ihr soziokultureller Hintergrund, die Einbindung digitaler Medien in den Unterricht. Herzig (2014) betont, dass die Ausdifferenzierung dieser vier Einflussfaktoren verdeutlicht, dass nicht nur das digitale Medium bei der Frage nach der Wirksamkeit berücksichtigt werden sollte.

Im Folgenden soll insbesondere die private Nutzung von digitalen Medien zu Lernzwecken im Vordergrund stehen, in Kapitel 4.2 sind Möglichkeiten zur Einbindung digitaler Medien in den Unterricht aufgeführt.

2.3.1 Wissensbezogene Inhalte

So wie Erwachsene profitieren auch Kinder und Jugendliche von der großen Informationsdichte zu beinahe jedem nur erdenklichen Thema im Internet. Ob als Hilfe bei den Hausaufgaben, als Möglichkeit, Dinge zu erfahren, die nicht gerne mit den Eltern besprochen werden, oder Interessen zu vertiefen. Eine der größten Stärken des Internets ist es, Wissen zugänglich zu machen. An dieser Stelle ist es unbedingt nötig, dass Eltern und andere Bezugspersonen diesen Nutzen erkennen und in den Alltag ihrer Kinder verantwortungsvoll integrieren. Hierzu gehört es, den jungen Nutzerinnen und Nutzern klarzumachen, dass nicht alles, was im Internet zu lesen ist, der Wahrheit entspricht und wie wichtig das Vergleichen unterschiedlicher Quellen ist. Dass das Internet als Informationsquelle für sensible Inhalte, wie z.B. Sexualität, genutzt wird, sollte den Eltern bewusst sein. Sie sollten ihre Kinder auf eventuell aufkommende problematische Hinweise vorbereiten und für Gefahren (vgl. hierzu auch Kapitel 3) sensibilisieren, mit denen sie bei ihren Suchanfragen im Internet konfrontiert werden können. In Kapitel 4 werden die Empfehlungen des Referates Medienpädagogik am Landesinstitut für Lehrerbildung und Schulentwicklung Hamburg angeführt, um Erwachsenen die Einschätzungen geeigneter Websites zu erleichtern.

Das Portal www.klicksafe.de führt einige nützliche Hinweise zur Einstufung der Glaubwürdigkeit von Beiträgen im Internet an. Die Identität der Verfasserin oder des Verfassers kann demnach sehr aufschlussreich sein. Lässt sich diese nicht leicht nachvollziehen, ist laut der Website, die sich an Kinder und Eltern richtet, Vorsicht geboten. Auch der Hintergrund der Verfasserin oder des Verfassers ist nützlich, um die Glaubwürdigkeit der Aussagen einzuschätzen. Dem Webauftritt einer Universität ist laut klicksafe eher zu vertrauen als Websites mit ungewöhnlichen Domain-Endungen. Neben der Objektivität spielt auch die Aktualität der Beiträge eine wichtige Rolle. Die technische und optische Qualität einer Website ist ebenfalls aufschlussreich. Die Einhaltung gesetzlicher Bestimmungen, wie z. B. die Nennung einer für die Redaktion verantwortlichen Person, ist auch ein wichtiger Indikator, genau wie die Einbettung der Seite in ein bestimmtes Themengebiet. Auch Rückverlinkungen auf z. B. von einer Website empfohlene Seiten können über die Glaubwürdigkeit Aufschluss geben. Sobald Erwachsene sich dieser Prüfkriterien bewusst sind, fällt es nicht nur leichter, Empfehlungen für bestimmte Websites auszusprechen, sondern auch zu vermitteln, worauf Kinder bei der Auswahl ihrer Quellen achten sollten. Unterstützend gibt es auf Kinder zugeschnittene Suchmaschinen wie „fragFINN", die nur kindgerechte Websites zulassen (vgl. Tabelle 1).

Tabelle 1: Beispiele für kindgerechte Informationsquellen

Internetseite	Inhalt
fragFINN: https://www.fragfinn.de	Suchmaschine für Kinder
Nachrichten für Kinder: https://www.zdf.de/kinder/logo	Nachrichtensendung/Webseite, die Themen mit aktuellem Bezug und Hintergrundinformationen aufbereitet für Kinder und Jugendliche präsentiert
Nachrichten für Kinder: www.nachrichten-fuer-kinder.de	Unter dem Motto „Wissen was los ist" werden unterschiedliche Sachthemen für Kinder und Jugendliche aufbereitet
Was ist was? www.wasistwas.de	Sachthemen für Kinder zwischen vier und zwölf Jahren multimedial aufbereitet

Das durch digitale Medien gestützte Aneignen wissensbezogener Inhalte bietet viele Chancen, die sowohl zu Hause als auch in der Schule oft nicht voll ausgeschöpft werden. Ein klarer Vorteil ist die Möglichkeit, unabhängig von festgelegten Orten und Zeiten zu lernen. Das bedeutet nicht nur, dass Kinder ihre Lernumgebung freier wählen können, sondern auch, dass sie beispielweise per Videobotschaft mit einem Native Speaker Englisch üben oder dass sie unabhängig von festgelegten Lernzeiten Pausen einlegen können. Durch die zeitliche Flexibilität ist gewährleistet, dass Kinder nicht in kompakten, stundenlangen Einheiten mit Wissen überfrachtet werden, sondern dass stattdessen individuelle „Leerlaufzeiten" möglich sind, die eine Verarbeitung der neuen Informationen ermöglichen. Das Lerntempo kann an die eigenen Bedürfnisse angepasst werden, wodurch Langweile und Überforderung vorgebeugt werden kann. Zudem bietet das Internet die Möglichkeit, gerade Erlerntes sofort mit bereits Bekanntem zu verknüpfen und nach dazu passenden Inhalten zu suchen. Dadurch ist eine bessere Verankerung im Gedächtnis möglich und Wissen kann beispielsweise durch die Nutzung audiovisueller Medien oft anschaulicher gemacht werden. Durch Bilder, Videos, Simulationen oder Tonaufnahmen können Kinder gerade Gelerntes sofort anwenden und ausprobieren, und zwar so lange und intensiv, wie sie es möchten, was im Unterricht aus Zeitgründen üblicherweise nicht möglich ist. Auch komplexere Aufgaben können durch die Möglichkeit, immer wieder Pausen einzulegen, gut mithilfe des Internets zu Hause erledigt werden. So bieten digitale Medien wertvolle Unterstützungsmöglichkeiten für konventionell gestalteten Unterricht (z. B. Kozma, 2003; vgl. Tabelle 2 sowie Kapitel 4.2).

Tabelle 2: Möglichkeiten, den Unterricht mit digitalen Medien zu unterstützen (Kozma, 2003)

Dokumentation	Die Arbeit mit digitalen Medien ermöglicht es Schülern, den Fortschritt ihrer Arbeiten zu dokumentieren. Die Dokumentation von wichtigen Meilensteinen in Projektarbeiten kann nicht nur amüsant, sondern auch lehrreich sein.
Recherche	Kaum eine Recherche kommt heute ohne das Internet aus. Was früher das Lexikon war, ist für viele Schüler heute das Web. Umso wichtiger ist es, Prüfkriterien zur Glaubwürdigkeit von Websites zu vermitteln.
Präsentieren	Neben den klassischen Power-Point-Folien bieten digitale Medien viele Möglichkeiten, um die Gestaltung von Referaten zu beleben. Die Einbindung von Videos oder auch Quizzen kann einen sonst trockenen Vortrag aufwerten.
Kommunikation	Digitale Medien ermöglichen es Lehrkräften und Schülern, sich auch abseits des Klassenzimmers auszutauschen.

Tabelle 2: Fortsetzung

Kreativität	Die Tools digitaler Medien können von Kindern und Jugendlichen genutzt werden, um ihrer Kreativität freien Lauf zu lassen. Bildbearbeitungsprogramme oder Videoschnitte können beispielsweise im Kunstunterricht für Abwechslung sorgen.

Natürlich ergeben sich aus der Einbindung digitaler Medien in die Unterrichts- und Hausaufgabengestaltung neben den unbestreitbaren Chancen auch einige Schwierigkeiten. Allzu oft wird die Recherche im Internet als Ausrede genutzt, um stundenlang durch Instagram-Posts zu stöbern oder mit Freunden zu chatten. Abhilfe könnten hier z. B. Apps schaffen, die bestimmte Internetfunktionen für eine festgelegte Zeit sperren und den Zugang auf diese Art verhindern (z. B. Selfcontrol: https://selfcontrolapp.com). Allerdings: Ähnlich wie die von manchen Eltern eingesetzte Strategie, den Internetzugang zu bestimmten Zeiten zu sperren, dient diese Methode nicht der Vermittlung von Medienkompetenz, in deren Vordergrund stehen sollte, dass Kinder und Jugendliche selbst dazu in der Lage sind, ihre Mediennutzung verantwortungsvoll zu gestalten. Restriktionen dieser Art stehen außerdem mit einem auf Vertrauen basierenden Erziehungsstil in Konflikt. Auch das Inaussichtstellen ungestörter Spielzeiten nach der Erledigung aller Aufgaben kann motivierend wirken. Bei größeren Projekten oder einer großen Menge an zu Hause zu bewältigenden Aufgaben kann auch das großzügige Einplanen von Pausen Kindern und Jugendlichen dabei helfen, das Internet konsequent für die vereinbarten Aufgaben zu nutzen.

Eine wichtige Aufgabe bei der Vermittlung von Medienkompetenz ist das Bewusstsein darüber, dass Informationen stets mit Aussagen „realer" Expertinnen und Experten abgeglichen werden sollten und eine Quelle allein nicht aussagekräftig ist. Gerade über die Plattform TikTok werden beispielsweise unzählige Ratschläge zu Gesundheitsthemen verbreitet, von denen nicht alle empirisch gesichert sind. Viele beziehen sich dabei oberflächlich auf traditionelle medizinische Konzepte oder Heilmethoden, bieten Hobbydiagnosen oder scheinbar gute Tricks, die wirkungslos oder sogar schädigend sein können. Kinder und Jugendliche sollten, ebenso wie Erwachsene, bewusst dazu aufgerufen werden, sich aktiv mit der Qualität der von ihnen aufgerufenen Quellen zu beschäftigen.

Exkurs: Künstliche Intelligenz (KI) im Klassenzimmer

Softwares wie ChatGPT oder andere Chatbots werden, wenn es um den Bildungsbereich geht, häufig kritisch bis alarmiert diskutiert. Die Befürchtung, dass Schülerinnen und Schüler bald kaum mehr Eigeninitiative zeigen, sondern insbesondere für textbasierte Aufgaben KI-Programme einsetzen werden, ist groß. Bei angepassten Aufgabenstellungen zeigt sich jedoch schnell, dass Chatbots nicht nur die Arbeit erleichtern, sondern auch aktiv als Lernunterstützung genutzt werden können. Das Khanmigo-Programm, ein Lernportal der amerikanischen Khan Academy, beweist mit seinen auf ChatGPT basierenden Funktionen, wie die KI Lehrkräfte gezielt dabei unterstützen kann, Kinder zu fördern und ihre Lernprozesse zu optimieren. Mithilfe fiktiver Gespräche mit literarischen Figuren wird die Auseinandersetzung mit klassischen Werken spielerischer und niederschwelliger. Mit der Möglichkeit zum Austausch mit einem Chatbot könnten sich selbst sehr schüchterne Schülerinnen und Schüler eher trauen, Fragen zu stellen. Und die KI-gestützte Analyse von Rechenfehlern kann individuellere Ratschläge liefern als oftmals überlastete Lehrkräfte. ChatGPT scheint auf beinahe alles eine Antwort zu haben, so auch auf die drängende Sorge, dass KI den Unterricht erschweren oder gar ersetzen könnte: Auf einer eigenen Landing Page „Teaching with AI" stellt ChatGPT Vorschläge zur Unterrichtsgestaltung zur Verfügung, die Chatbots nutzen, statt sie zu verbieten, und gleichzeitig eine Lernweise unterstützen, die die Schülerinnen und Schüler mit neuen Kompetenzen ausstatten soll. Hürden wie Sprachbarrieren sollen durch KI ausgeglichen werden, um Lernprozesse einfacher und inklusiver zu gestalten. Auf der Homepage werden verschiedene nützliche Funktionsweisen der KI vorgestellt: So kann man das Programm in verschiedene Rollen schlüpfen lassen und es als kritischen Gesprächspartner, als eine Person, die ein Vorstellungsgespräch durchführt, als Nachhilfelehrerin bzw. -lehrer usw. antworten und fragen lassen. Darüber hinaus werden laufend aktualisierte Literaturhinweise zum akademischen Einsatz von ChatGPT gesammelt und verlinkt. Wichtig ist, dass sich Bildungsministerien aktiv mit den Chancen sowie Risiken dieser neuen Dienste auseinandersetzen (z. B. https://www.bmbwf.gv.at/Themen/schule/zrp/ki.html, https://www.schulministerium.nrw/textgenerierende-ki).

Tabelle 4: Beispiele für Internetseiten für Kinder im Grundschulalter

Internetseite	Inhalt
Geolino: https://www.geolino.de	Deutschlands größtes Kindermagazin, das unter dem Motto „Spielerisch die Welt entdecken" unterschiedlichste Themen kindgerecht vorstellt
Schule und Familie: https://www.schule-und-familie.de/basteln.html	Website, auf der beispielsweise Basteltipps zu finden sind

Trotz dieser Chancen sind mit der frühen Heranführung an digitale Medien auch Entwicklungsrisiken verbunden. Kinder, die bereits im Alter von drei bis fünf Jahren über ein eigenes Fernsehgerät verfügen, sehen zu späteren Tageszeiten und unkontrollierter fern (BMFSFJ, 2013). Wenn sie ohne Aufsicht oder Wissen der Eltern bestimmte Sendungen ansehen, können sie mit nicht altersgerechten Inhalten konfrontiert werden, die dann auch häufig nicht mit den Eltern besprochen werden.

Das Bundesministerium für Familie, Senioren, Frauen und Jugend schlägt einige Kriterien vor, die „gutes Kinderfernsehen" ausmachen: Dass das Ende einer Geschichte glücklich ist und sie gut ausgeht, ist für Kinder ausgesprochen wichtig. Laut dem Bundesministerium ist auch die klare Unterscheidung guter und böser Figuren zentral. Kinderfilme und -serien sollten Identifikationsmöglichkeiten für die zuschauenden Kinder bieten und an ihre Lebenswelt anknüpfen. Der ausgeglichene Wechsel zwischen spannenden, humorvollen und ruhigen Sequenzen ist ebenfalls kindgerecht. Jüngere Kinder können mit kurzen Beiträgen ohne komplexe Handlung und Zeitsprünge besser umgehen (BMFSFJ, 2011).

Außerdem bietet das Bundesministerium einige Richtlinien zur optimalen Nutzungsdauer digitaler Medien an (vgl. Kapitel 1.2). Nicht nur die Fernsehdauer, sondern auch die Beschaffenheit der Filme wirkt sich auf die Zuschauerinnen und Zuschauer aus. Eine 2017 erschienene Studie untersuchte, ob sich die Schnittgeschwindigkeit von Filmmaterial im Verhalten von Vorschulkindern bemerkbar macht. Tatsächlich interagierten jene Kinder, die eine Geschichte mit vielen schnellen Einstellungs- und Bildwechseln gesehen hatten, anders mit ihren Spielsachen als eine andere Gruppe von Vorschülern, denen derselbe Inhalt ruhiger und langsamer präsentiert wurde. Sie richteten ihre Aufmerksamkeit schneller auf andere Spielsachen (Kostyrka-Allchorne et al., 2017). Auch Lillard und Peterson (2011) betonen die sofortige nachteilige Auswirkung sehr schneller Cartoons auf die kognitiven Leistungen von Kindern im Vorschulalter. Wilson (2008) stellt die Angaben zur Dauer des Fernsehens infrage, spielt doch insbesondere der Inhalt des Gesehenen eine Rolle und kann junge Zuschauerinnen und Zuschauer beeinflussen. Viele Ergebnisse deuten darauf hin, dass vor allem altersinadäquater Fernsehkonsum zu kindlichen Ängsten beitragen und zu langanhaltenden Verstimmungen führen kann (Wilson, 2008).

Ein Review, das sich mit Effekten digitaler Medien auf die kognitive Entwicklung von Kindern unter drei Jahren beschäftigt, vergleicht 40 Artikel und Buchkapitel und kommt zu folgendem Ergebnis: Fernsehen kann bei Kleinkindern unter anderem zu Aufmerksamkeitsstörungen, Sprachentwicklungsstörungen und Lernschwierigkeiten führen (Brzozowska & Sikorska, 2016).

Für alle jüngeren Kinder gilt also

Die Nutzung von Medien sollte trotz all ihrer Vorteile beschränkt werden. Die Verantwortung für diese Beschränkung kann weder im Kindergarten- noch im Vorschul- oder Grundschulalter den Kindern selbst zugemutet werden. Eine Einschätzung der gesehenen Inhalte durch die Eltern ist unbedingt nötig, um zu vermeiden, dass Kinder mit Material konfrontiert werden, das sie nicht verarbeiten können.

2.3.5 Weiterführende Schulen

Im weiterführenden Schulalter sind Kinder und Jugendliche im Umgang mit digitalen Medien so firm, dass sie zumeist keine Schwierigkeiten haben, wissensbezogene Inhalte im Internet zu suchen und für den Unterricht zu nutzen. Das kann selbstständig, aber auch durch die Anregung von Lehrkräften passieren. Neben dem verpönten Trick, Hausaufgaben mit Wikipedia-Auszügen aufzuhübschen, gibt es für ältere Kinder auch viele Optionen, eigene Interessen im Internet zu verfolgen. Im Unterricht als spannend empfundene Inhalte werden selbstständig vertieft und mit Videos, Spielen oder anderen Inhalten verknüpft und so lebendiger ge staltet sowie besser eingeprägt. Nicht nur für Erwachsene, sondern auch für Jugendliche sind die sogenannten „TED Talks“ (https://www.ted.com) eine willkommene Möglichkeit, sich fortzubilden (vgl. Tabelle 5). Neue Erkenntnisse aus Politik, Wirtschaft und Wissenschaft werden hier kurz und leicht verständlich durch geübte Sprecherinnen und Sprecher vorgetragen und nach Themenbereichen gebündelt. So ist es für Nutzerinnen und Nutzer einfach, ihren Interessen zu folgen und dabei vielleicht auch neue spannende Felder zu entdecken. Nebenbei werden auch noch die Englischkenntnisse aufpoliert.

Tabelle 5: Beispiele für beliebte TED Talks[1]

Titel TED Talks	Thema
Your body language shapes who you are (Amy Cuddy)	Wie verändert die Körpersprache nicht nur das Bild, das andere von uns haben, sondern auch unser Selbstkonzept?
The power of introverts (Susan Cain)	Welchen Platz nehmen introvertierte Menschen in der Gesellschaft ein und welche Beiträge leisten sie?
The surprising science of happiness (Dan Gilbert)	Welche wissenschaftlichen Befunde gibt es zum Thema „Glück“?

Auch Jugendlichen, die sich den Kopf über ihre spätere Karriere zerbrechen, bietet das Internet fernab des klassischen Berufsberatungsgesprächs Möglichkeiten: Zum einen lassen sich sogenannte „Orchideenfächer“ finden, also Studienbereiche, die selten gewählt werden und deshalb nicht überlaufen sind, zum anderen können auch konventionelle Wege aus unterschiedlichen Perspektiven betrachtet werden, und Absolventen können sich, so lange sie möchten, mit potenziellen Weiterbildungen beschäftigen. Angebote wie „whatchado“ (https://www.whatchado.com) ermöglichen einen Einblick in die unterschiedlichsten Berufe und machen so die Entscheidung für die nächsten Schritte leichter.

Besucher der Website von „whatchado“ haben die Möglichkeit, anhand verschiedener Suchkategorien Berufe auszuwählen und sich so über ver-

1 Quelle: https://www.ted.com/playlists/171/the_most_popular_talks_of_all

schiedene Beruf zu informieren. Sie können sich Geschichten aus der Arbeitswelt Berufstätiger anhören, einen Test machen, der ihnen aufgrund der angegebenen Vorlieben Videos zu ausgewählten Berufsfeldern anbietet und sich über Arbeitgeber informieren. Dabei können sie den Berufsalltag des Bundespräsidenten ebenso wie die Aufgaben eines Psychologen, eines Tischlers, eines Fußballprofis oder einer Architektin kennenlernen. Auch weniger bekannte Berufsbilder werden vorgestellt, z. B. eine Pedobarologin und eine Waggonlenkerin.

Mit Angeboten wie www.studierenprobieren.at, www.studieren.de oder www.studienwahl.de ist es Jugendlichen möglich, Hörsaalluft zu schnuppern und erste Informationen über unterschiedliche Studien- und Ausbildungsprogramme zu sammeln.

Ältere Kinder können und müssen in die Gestaltung ihrer Medienzeiten miteinbezogen werden. Sie sind durchaus in der Lage, reflektiert mit digitalen Medien umzugehen. Je mehr Entscheidungen mit den Kindern und Jugendlichen gemeinsam getroffen werden, desto eher werden reaktante Verhaltensweisen, also trotzige Reaktionen vermieden.

Jugendliche nutzen das Internet selbstständig, um Informationen zu sammeln – ob es um gesundheitsbezogene Inhalte, das Tagesgeschehen oder den neuesten Social-Media-Trend geht. Erwachsene müssen die Medienerziehung an das Alter der Kinder, mit denen sie interagieren, anpassen. Es ist unmöglich, jede Seite oder App, die Kinder nutzen, zu überprüfen und vorab auszuwählen. Außerdem ist es wichtig, die Privatsphäre von Kindern und Jugendlichen zu respektieren und nicht jede ihrer Bewegungen im Web zu verfolgen. Auch die Verantwortung für die Nutzungsdauer wird spätestens mit dem Besitz eines Smartphones gezwungenermaßen geteilt. Wie können Eltern und andere Bezugspersonen also regulierend und schützend auf die Mediennutzung ihrer Schutzbefohlenen einwirken? Obwohl es dem Großteil der jugendlichen Befragten einer Studie des JFF München und der Universität Leipzig wichtig ist, dass die Informationen, die sie aus dem Internet beziehen, von kompetenten Autorinnen und Autoren verfasst wurden, empfinden sie die Aktualität der gelesenen Nachricht als noch entscheidender (Wagner & Gebel, 2014). Daher ist die Reflexion gemeinsam mit den Eltern oder anderen Erwachsenen wichtig, und Bezugspersonen sind dazu angehalten, jugendlichen Internetnutzerinnen und -nutzern dabei zu helfen, den Wahrheitsgehalt und verschiedene mögliche Perspektiven eines Artikels zu hinterfragen. Eine Studie, die der Frage „Wie informieren sich Kinder über das Thema

Flucht?" nachgeht, zeigt, dass sich Kinder ab 10 Jahren über unterschiedliche Medien wie das Fernsehen oder das Internet mit politischen Fragen auseinandersetzen oder zumindest damit konfrontiert sind (Flimmo, 2016). Geeignete mediale Informationsquellen sind besonders wichtig, damit Kinder und Jugendliche Zugang zu vertrauenswürdigen Artikeln haben (vgl. Tabelle 6). Eine Möglichkeit, die Medienkompetenz Jugendlicher zu unterstützen, besteht also darin, geeignete Informationsquellen ausfindig zu machen und vorzuschlagen sowie Kriterien zur Einschätzung der Vertrauenswürdigkeit eines Artikels zu vermitteln (mehr dazu vgl. Kapitel 4.2.1). In der Untersuchung von Flimmo (2016) wurde insbesondere die Sendung „logo!" von Kindern lobend erwähnt.

Gerade im Zusammenhang mit politischen Themen ist es außerdem wichtig, dass Kindern und Jugendlichen Ansprechpartner zur Verfügung stehen, die ihre Fragen und Ängste ernst nehmen und denen sie ausreichend vertrauen, um im Internet oder Fernsehen gesammelte Informationen zu diskutieren.

Tabelle 6: Beispiele für Informationsquellen für Jugendliche

Internetseite	Inhalt
Max-Wissen: https://www.max-wissen.de	Angebot der Max-Planck-Gesellschaft, das sich an Schüler und Lehrkräfte richtet und wissenschaftliche Inhalte leicht verständlich aufbereitet
Demokratiewebstatt: https://www.demokratiewebstatt.at	Onlineportal des österreichischen Parlaments für Kinder und Jugendliche, in dem Politische Bildung und Demokratievermittlung im Vordergrund stehen, aber auch wissenschaftlichen Inhalte thematisiert werden
So geht MEDIEN: https://www.br.de/sogehtmedien/weiterfuehrende-schulen/un-wahrheiten-luegen-erkennen-fakes-fake-news-100.html	Unterrichtsmaterial rund um die Frage, wie Lügen im Internet erkannt werden können

2.3.6 Gesundheitsbezogene Inhalte

Junge Internetnutzerinnen und -nutzer haben die Möglichkeit, sich im Internet über gesundheitsspezifische Themen zu informieren. Gerade was Sport und Ernährung betrifft, werden zunehmend moderne Medien zur spielerischen Vermittlung genutzt. Neben Homepages, die sich gezielt an Kinder und Jugendliche richten (vgl. Beispiele in Tabelle 7), wächst auch das Angebot an Apps stetig, die Eltern bei der Gesundheitserziehung unterstützen (z. B. App „Kind und Essen" der Stiftung Kindergesundheit). Auch Spielkonsolenanbieter wie Nintendo mit Switch (früher: Wii) haben die Möglichkeiten erkannt und bieten Spiele an, die Kinder und Jugendliche in einem gesunden Lebensstil unterstützen und Spaß an Bewegung fördern sollen. Eine gute Möglichkeit, sich einen Überblick über geeignete Apps zu verschaffen, sind Kundenrezensionen, die einen authentischen Einblick in Nutzungsmöglichkeiten und -schwierigkeiten ermöglichen.

Tabelle 7: Beispiele für digitale Angebote mit gesundheitsbezogenen Inhalten

Internetseite	Inhalt
„feel-ok": https://www.feel-ok.at/de_AT/jugendliche/themen/ernaehrung/ernaehrung.cfm	Ernährungsbezogene Themenbereiche werden einfach verständlich vermittelt
Logo! von ZDFtivi: https://www.zdf.de/kinder/logo	Themen, die auch Krankheit und Gesundheit betreffen, werden kindgerecht dargestellt
Activeoncokids: https://www.activeoncokids.org	Ein Projekt für krebskranke Kinder und Jugendliche

Weitere Informationen zu digitalen Spielen mit Gesundheitsbezug finden Sie im Kapitel 2.4. Allerdings sind trotz der vielen gesundheitsbezogenen digitalen Angebote nur die wenigsten von ihnen empirisch geprüft und evidenzbasiert – das gilt vor allem für gesundheitsbezogene Apps (Shen et al., 2015).

1 156 befragte Jugendliche einer großen US-amerikanischen Studie geben an, gesundheitsbezogene Informationen zumeist für die Schule zu su-

derungen gesehen. Es dient dem Austausch zwischen Individuum und Umwelt. Das Spiel ist von großer Bedeutung für die Sozialisation von Kindern und für den Übergang von einem Entwicklungsstadium zum nächsten (Oerter, 2007). Untersuchungen von Eibl-Eibesfeld (1984) zeigen, dass im Spiel Tätigkeiten ausgeübt werden, die im späteren Alltag des Spielers kulturbedingt vermutlich von Bedeutung sein werden. Anforderungen und Konflikte der späteren Lebenswelt werden im Spiel thematisiert und bearbeitet, in dem sich aus diesem Grund aufschlussreiche Details einer Kultur zeigen können. Gleichzeitig findet man beispielsweise bei Freud den Hinweis, dass das Spiel auch zur Flucht aus der Realität genutzt wird. Impulse, die normalerweise durch gesellschaftliche Zwänge unterdrückt werden, können im Spiel ausgelebt werden (Freud, 1920/2010).

Oerter (2007) bezeichnet das Spiel als für die Entwicklung von Kindern zentrale Tätigkeit, das durch das Überangebot an Unterhaltung durch digitale Medien und den damit einhergehenden hauptsächlich rezeptiven Aktivitäten gefährdet wird.

Das Spiel kann also als Ausdruck der Neugier und als Auseinandersetzung mit der Welt verstanden werden. Es ermöglicht Kindern, Rollen einzunehmen, Regeln für die eigene Welt aufzustellen und sich einen Moment von jenen der Erwachsenen unabhängig zu machen. Im Spiel versucht sich das Kind an Verhalten, das noch nicht seinem Alter entspricht und das so die Bedingungen schafft, sich weiterentwickeln zu können. Wygotski bezieht sich in seinen Ausführungen insbesondere auf Kinder im Vorschulalter, doch manche der beschriebenen Aspekte des Spiels sind für ältere Kinder, Jugendliche und Erwachsene ebenso reizvoll. Das Spiel kann als eine Form der Entwicklung verstanden werden, die Kindern und Jugendlichen die Möglichkeit gibt, kognitive und soziale Fähigkeiten zwanglos auszubauen.

Außerdem können Kinder und Jugendliche ebenso wie Erwachsene Spiele zur Bewältigung ihres Alltags nutzen. In diesem Zusammenhang wird die Ventilfunktion diskutiert als die Ansicht, dass Kinder Bedürfnisse im Spiel ausleben. Auch um Stress abzubauen und den Alltag einen Moment zu vergessen, können Spiele eine wichtige Rolle spielen.

2.4.2 Serious Gaming

Mit dem Einzug digitaler Medien in die Bildungslandschaft bildet sich mehr und mehr ein neues Anwendungsfeld für Computer- und Online-Gaming heraus: Serious Gaming, also Lehr- und Lerninhalte, die durch Spiele vermittelt werden (vgl. Tabelle 8). Die Vermittlung von Wissen in Verbindung mit Unterhaltung ist keine ganz neue Idee, sondern bereits aus der Literatur und auch aus dem Fernsehen bekannt. Das innovative Element, das das Spielen hierzu beitragen kann, ist, dass die Nutzerinnen und Nutzer die Möglichkeit haben, selbst ihr Können und Wissen unter Beweis zu stellen. So können bestimmte Verhaltensweisen eingeübt werden und mit für Kinder und Jugendliche vergnüglichen Inhalten kombiniert werden.

Tabelle 8: Beispiele für Serious Games zu unterschiedlichen bildungsnahen Themenbereichen

Serious Game	Themenbereich
Yubuddy: http://www.yubuddy.com	Übergewicht bei Kindern und Jugendlichen
Wildtierquiz: https://www.wildtierfreund.de/quiz.html	Tiere
Archiraum: http://archiraum.de	Architektur
Playbrush: https://www.playbrush.com/de/playbrush-spiele	Zähneputzen
Milu: https://www.stabilo.com/de/kreativitaet-inspiration/fuer-kinder/stabilo-milu-lernspiel/	Schreibmotorik

Insbesondere im Gesundheitsbereich gibt es spannende Angebote. Auch in der Psychotherapie werden die neuen Möglichkeiten digitaler Spiele mehr und mehr implementiert (Eichenberg & Marx, 2014; Eichenberg &

Schott, 2017). Ein Beispiel hierfür ist das Spiel „Camp Cope-A-Lot" (https://www.campcopealot.com), ein computerbasiertes Interventionsprogramm, das zur Unterstützung von Kindern, die an Angststörungen leiden, entwickelt wurde. Der Spieler wird von Cartoon-Charakteren durch das zwölfstufige Spiel begleitet. Die ersten sechs Level stellen die Vermittlung von Kompetenzen, die zur Bewältigung von Angst wichtig sind, in den Vordergrund und werden vom betroffenen Kind – unterstützt durch Videos, Animationen und ein Belohnungssystem – allein durchgespielt. Die restlichen Levels werden zusammen mit dem Therapeuten durchgespielt, wobei zwei Einheiten gemeinsam mit den Eltern absolviert werden (Khanna & Kendall, 2010).

Die Anwendungsmöglichkeiten der sogenannten Serious Games sind vielfältig. Nicht nur im Bereich Gesundheit kann ein Lerneffekt erzielt werden, auch Themenbereiche wie Politik, Kultur, Sicherheit, soziale Kompetenzen etc. können in Serious Games behandelt werden. Neben Computerspielen eröffnen besonders Anwendungen auf dem Handy neue und flexible Möglichkeiten, spielerisch zu lernen. So kann während der Straßenbahnfahrt ein Test zur Verkehrssicherheit absolviert werden oder während des Wartens auf den Bus ein Rätsel zum Thema fremde Kulturen gelöst werden. Apps, die Kinder und Jugendliche zu mehr Bewegung oder gesunder Ernährung motivieren sollen und mit Spielen dabei unterstützen, können so ebenfalls problemlos in den Alltag integriert werden. Ein 2013 erschienenes systematisches Review, in dem 14 Artikel über Serious Games im Bereich Prävention und Intervention bei Übergewicht im Kindesalter untersucht wurden, zeigt, dass immerhin in 40 % der Studien Erfolge nachweisbar waren (Lu et al., 2013). Fleming et al. (2014) fanden auch im Bereich der Interventionen bei Depression positive Effekte.

Auch die Seite www.jugendundmedien.ch, Teil eines schweizerischen Programms zur Stärkung der Medienkompetenz, streicht die Chancen von Computerspielen und Spielen im Internet heraus: Zunächst spielt der Spaß, der beim Spielen empfunden wird, eine große und positive Rolle im Leben des Spielers, zudem wird er bei Spielen, in die mehrere Spieler eingebunden sind, Teil einer Gemeinschaft. Spiele ermöglichen einen angenehmen und unterhaltsamen Zugang zu digitalen Medien, der in der Schule zum Vermitteln von Unterrichtsstoff genutzt werden könnte (mehr dazu in den Kapiteln 2.3.4 und 2.3.5). Außerdem fördern viele Computerspiele die Hand-Augen-Koordination, das Denk- und Orientierungsvermögen oder auch die Kreativität. Kognitive und soziale Fertigkeiten werden ebenso gestärkt, wobei die erwähnte Website hier unter anderem das Denkvermögen, das räumliche Orientierungsvermögen und das logische Denken erwähnt. Auch das vorausschauende Planen wird durch Strategiespiele trainiert. Problemlösestrategien können entwickelt und unterschiedliche Identitäten ausprobiert werden.

Laut einer 2017 erschienenen Studie gibt es drei Wirkfaktoren, die besonders wichtig für den Erfolg von Serious Games sind (Fleming et al., 2017):

- Online-Programme sind der breiten Masse zugänglich und werden auch von Menschen genutzt, die sonst möglicherweise keine Interventionsprogramme annehmen würden.
- Durch den Spielcharakter der Interventionen kann die Motivation gesteigert werden.
- Außerdem können verschiedene Spielmechanismen den therapeutischen Prozess fördern.
- Die Autoren der Studie nennen sechs Kategorien von Spielen, die sich auf die psychische Gesundheit beziehen. Die sogenannten „Exergames" (vom engl. „exercising"), bei denen der körperliche Einsatz der Spieler im Vordergrund steht, Spiele, die kognitives Training beinhalten, Spiele mit verhaltenstherapeutischem Hintergrund, Entertainment-Spiele und Spiele, die Biofeedback nutzen. Sie betonen das Potenzial, das derartige Spiele und Online-Interventionen haben, bemängeln aber die derzeit noch dünne Forschungslage und das Fehlen von Vergleichen von Interventionen mit Spielcharakter und ohne Spielcharakter.

Was ist Biofeedback?

Beim Biofeedback werden physiologische Veränderungen, wie z. B. der Herzschlag oder die Muskelanspannung, gemessen und als wahrnehmbares Signal (z. B. visuell, akustisch) zurückgemeldet. So können auch körperliche Vorgänge, die normalerweise nicht sichtbar oder hörbar sind, wahrgenommen und reguliert werden. Dies ist beispielsweise in der Therapie stressassoziierter Störungen wichtig.

Was ist Verhaltenstherapie?

Als „Verhaltenstherapie" wird eine spezifische Form der Psychotherapie bezeichnet. Sie orientiert sich an lerntheoretischen Erkenntnissen und soll Klientinnen und Klienten dabei helfen, Schritt für Schritt neue Verhaltens- oder auch Denkweisen zu erlernen.

2.4.3 Gewalt am Bildschirm

Die Spiele, mit denen sich viele Kinder und Jugendliche (aber auch Erwachsene!) stundenlang beschäftigen, wirken für Bezugspersonen häufig befremdlich oder sogar alarmierend. Neben den Körperdarstellungen der Hauptfiguren, die oftmals problematische Idealvorstellungen vermitteln (mehr dazu in Kapitel 1.1.2.1), sind es besonders Gewalthandlungen, die beunruhigend wirken. Die sogenannten „Shooter-Spiele" stehen dabei im Brennpunkt der Medien.

Spiele, die das Töten von Menschen realitätsgetreu simulieren, sorgen sowohl in ihrer Online- als auch in ihrer Offline-Form für Diskussionen. Besonders im Zusammenhang mit Gewalttaten werden sie häufig kritisch auf ihre gewaltfördernde Wirkung hin geprüft. Dazu ist anzumerken, dass es zahlreiche Varianten von Spielen mit unterschiedlich ausgeprägten Gewaltaspekten gibt. Bisher werden in der Literatur zu heterogene Erkenntnisse referiert, um eine befriedigende Antwort auf die Frage geben zu können, ob Gewaltspiele zu erhöhter Gewaltbereitschaft oder größerem Aggressionspotenzial führen. Für das Zustandekommen eines solchen Zusammenhangs werden mehrere Ansätze diskutiert: Zum einen könnte erhöhte Gewaltbereitschaft zu einer Vorliebe für entsprechende Spiele führen und nicht umgekehrt. Es könnte auch eine Drittvariable, z. B. die individuelle Neigung zu gewalttätigem Verhalten, dazu führen, dass gewalthaltige Spiele gespielt werden und die Bereitschaft zu Gewalttaten erhöht ist (Nauroth et al., 2014). Außerdem werden kathartische Effekte diskutiert: Möglicherweise sind gewalthaltige Spiele (online wie offline) eine Möglichkeit, angestaute Frustration abzubauen (Eichenberg & Auersperg, 2014). Trotz der sich zum Teil widersprechenden Forschungsergebnisse interpretieren Nauroth et al. (2014) aktuelle Ergebnisse so, dass eine aggressionsfördernde Wirkung gewalthaltiger Bildschirmspiele wahrscheinlich ist. Orientiert man sich an klassischen Experimenten der Psychologie, so lassen sich zumindest Tendenzen zur Bestätigung der Hypothese, dass Computerspiele Gewalt fördern können, entdecken. Bandura beschreibt bereits 1978, wie Kinder beim Lernen am Modell gewaltbereite Verhaltensweisen durch die Beobachtung ebendieser annehmen könnten.

Allerdings konnte Ladas (2002) erheben, dass Gewalt in Computerspielen von den Spielerinnen und Spielern selbst eher als Wettkampfsituation statt als Abbild realer Kämpfe wahrgenommen wird. Diese Einsicht ist insofern wichtig, als sie das Opfer-Täter-Verständnis, das bisher in der Debatte um Gewalt in Computerspielen herrscht, ins Wanken bringt. Virtuelle Gewalt könnte weniger als Instrument zur Schädigung, sondern eher funktionalistisch zur Erreichung eines Spielziels rezipiert werden. Da Aggression als Verhalten mit Schädigungsabsicht erklärt wird, müsste nach Ladas Ergebnissen in Untersuchungen, die angeblich durch Medienkonsum hervorgerufenes aggressives Verhalten in den Vordergrund stellen, nach alternativen Erklärungsmodellen gesucht werden. Witthöft et al. (2015) schätzen den Zusammenhang zwischen der Nutzung gewalthaltiger Bildschirmspiele und körperlicher Aggression als vorhanden, aber eher gering ein. Die Langzeitbeobachtung von 3 034 Schülern über zwei Jahre durch ein Forschungsteam der Iowa State University deutet wiederum darauf hin, dass Spieler gewalthaltiger Games eher aggressives Verhalten und gewalttätige Tendenzen aufweisen. Die Autorinnen und Autoren der Studie weisen darauf hin, dass die häufige Wiederholung einer bestimmten Aktivität das Verhalten beeinflusst (Gentile et al., 2014). Es ist zu erwarten, dass durch die Einübung bestimmter Verhaltensweisen in fiktiven Situationen Handlungsskripte gebildet werden. Diese Skripte oder Schemata werden im realen Leben genutzt. Daher muss damit gerechnet werden, dass die ständige Ausübung fiktiver Gewalt sich auf das Verhalten abseits von PC und Handy auswirkt. Diese Erkenntnis ist nicht unbedingt nur ein Grund zur Sorge, sondern kann auch genutzt werden, um positives Verhalten zu festigen und wünschenswerte Einstellungen zu verstärken. Prot et al. (2014) untersuchten die Auswirkungen von Computerspielen, in denen prosoziale Verhaltensweisen ausgeübt werden, und kamen zu positiven Ergebnissen. Diese Form der Serious Games (vgl. Kapitel 2.4.2) wirkte sich auf das Einfühlungsvermögen ihrer Spielerinnen und Spieler sowie ihre Bereitschaft zu prosozialem Verhalten aus und verstärkte beides. Eine 2010 erschienene Metaanalyse, in der einige Studien mithilfe strenger statistischer Methoden zusammengefasst und verglichen wurden, deutet darauf hin, dass gewalthaltige Spiele aggressives Verhalten, aggressive Kognitionen und mangelndes Einfühlungsvermögen begünstigen. Die Autorinnen und Autoren fanden keine geschlechterspezifischen Unterschiede (Anderson et al., 2010). Greitemeyer und Mügge kamen 2014 mit ihrer Metaanalyse zu ähnlichen Ergebnissen. Die Analyse von 89 unabhängigen Studien ergab, dass sich Computerspiele auf das Sozialverhalten auswirken:

ermöglicht es Kindern und Jugendlichen, die ein Handy besitzen, ihre Umwelt festzuhalten, und unzählige Apps verhelfen ihnen dazu, diese Bilder weiterzubearbeiten und diesen ihren ganz eigenen Stempel aufzudrücken. Dabei sind den Möglichkeiten kaum Grenzen gesetzt – von Bildeffekten wie Dinosauriern, die man in ein Foto kopieren kann, bis hin zu Farbfiltern, die Fotos z. B. in unheimliches grünes Licht tauchen, gibt es interessante Effekte, die Kindern spielerisch bildnerische Gestaltung ermöglichen. Außerdem können Videos gedreht werden und so können sogar kleine Filme entstehen. Bewegte Bilder, sogenannte „GIFs", sind ebenfalls ein beliebter Zeitvertreib. Das Internet bietet ähnliche Möglichkeiten für die Bearbeitung von Fotos und Filmen. Hier findet man außerdem eine Vielzahl an Zeichenprogrammen, die neben dem Spaß am Zeichnen auch den genauen Umgang mit der Maus und geometrisches Zeichnen fördern. Auch Mode- und Möbeldesign steht interessierten Jugendlichen so offen, und es können sich früh künstlerische und gestalterische Interessen ausbilden.

Durch die ungeheure Informationsvielfalt, die dem Internetnutzer zur Verfügung steht, finden kulturinteressierte Kinder und Jugendliche Informationen und Bilder zu Musik, Kunst, Architektur, Bildhauerei, Zugang zu fremden Kulturen und Austauschmöglichkeiten mit ganz unterschiedlichen Menschen. Mit einem Mausklick können sie ein Video über Richard Neutra (z. B. https://youtu.be/9AFegz3LDVE) sehen, um gleich darauf mit Google Earth Bilder der darin vorkommenden Landschaften zu betrachten. Dieses weckt ihr Interesse an den Lebensgewohnheiten von Menschen in der eher trockenen Umgebung und sie möchten ebenfalls mehr über die Tierwelt erfahren. Wie in diesem Beispiel gezeigt, birgt das Internet das Potenzial, Kindern und Jugendlichen einen facettenreichen Zugang zur Welt zur ermöglichen, der sie zu kreativen, neugierigen, kritischen und informierten Erwachsenen machen kann.

2.5 Informationsaustausch und Meinungsbildung

Die unermessliche Fülle an Information, auf die man über das Internet zugreifen kann, birgt neben vielen Vorteilen und Chancen auch einige Risiken. Unser Leben wird durch den im Web möglichen Informationsaustausch immens erleichtert – ob es nun um den Busfahrplan, die letzten Fußballspielergebnisse oder die neuesten wissenschaftlichen Ergebnisse zu jedem erdenklichen Forschungsgebiet geht. Gleichzeitig zeigen die Berechnungen von Wissenschaftlerinnen und Wissenschaftlern, wie uns sogenannte „Filterbubbles" eine völlig verzerrte Realität vorgaukeln, die nur aufgrund der im Internet entstehenden Meinungsströme möglich ist. Suchmaschinen wie Google oder Social-Media-Plattformen wie Facebook oder X (ehemals Twitter) ermöglichen den schnellen und unkomplizierten Zugriff auf Informationen. Da aber jede Person die Möglichkeit hat, Inhalte über das Web zu verbreiten, selbst wenn sie nicht über die eigentlich nötige Expertise verfügt oder sogar böswillig falsche Informationen ins Netz stellt, sind die auf diesem Weg beschafften Nachrichten keineswegs immer verlässlich. Wie Kinder und Jugendliche lernen, seriöse Websites herauszufiltern, wird in Kapitel 4 beschrieben. Jüngere Kinder können von kindgerechten Suchmaschinen profitieren, die von ihren Eltern oder anderen Bezugspersonen als Startseite festgelegt werden und nur kinderfreundliche Websites zulassen. Beispiele hierfür lassen sich in Kapitel 2.3.1 finden.

2.5.1 Filterbubbles

Die Wahl des Präsidenten der Vereinigten Staaten im Jahr 2017 wurde von der ganzen Welt mit angehaltenem Atem verfolgt. Die Empörung und Überraschung bei der Bekanntgabe der Wahlergebnisse war groß: Wer, fragten sich viele, hatte Donald Trump mit diesem wichtigen Staatsposten betraut und ihm damit das Schicksal von Millionen von Menschen anvertraut? Schließlich war an den Reaktionen im Internet eine deutlich kritische Haltung dem polarisierenden Unternehmer gegenüber abzulesen – oder? Sogenannte „Filterbubbles", also Filterblasen, sollten Schuld an dieser offensichtlichen Wahrnehmungsverzerrung sein. Damit sind Einschränkungen in der im Internet verfügbaren Informationsvielfalt gemeint, die durch Algorithmen entstehen. Diese Algorithmen orientieren sich an bisher von Nutzerinnen und Nutzern angewählten Seiten, um auf diese Weise andere Websites mit ähnlichen Informationen vorzuschlagen. So sollen das Internet nutzende Personen mit immer gleichen Informationen konfrontiert werden und die durch das Internet ermöglichte Chance auf Perspektivenwechsel verpassen. Das Konzept „Filterbubble" könnte also verhindern, dass wir mit Informationen, die nicht unserem

Standpunkt entsprechen, in Berührung kommen. Eine große, im berühmten Journal „Science" publizierte Studie geht dieser Vorstellung auf den Grund. In der von Bakshy et al. (2015) veröffentlichten Untersuchung zeigte sich, dass linksliberale Nutzerinnen und Nutzer auf Facebook durch die dort eingesetzte Filterfunktion etwa 8 % weniger Inhalte der entgegengesetzten politischen Richtung empfangen, als sie ohne Filter empfangen würden. Die Effekte von Filterblasen sind also keineswegs so dramatisch, wie häufig angenommen.

Verschwörungstheorien und alternative Messengerdienste

Insbesondere während der Covid-19-Pandemie gerieten alternative Messengerdienste verstärkt in die öffentliche Aufmerksamkeit: Waren Nachrichtendienste wie Telegram oder Signal Verbreitungskanäle für ungesicherte, falsche Informationen zur Gesundheitspolitik, dem Krankheitsverlauf und möglichen Medikationsformen? Studien wie die KIM- und JIM-Studie zeigen deutlich, dass die meisten Kinder und Jugendlichen eher konventionelle Nachrichtenapplikationen, bevorzugt WhatsApp, nutzen. Die psychologische Forschung kann Auskunft über manche Motive geben, doch auf alternative Dienste auszuweichen, jedoch sind die Ergebnisse nicht alarmierend. Zunächst haben viele Menschen während der Pandemie eine Diskrepanz zwischen wissenschaftlichen Aussagen und eigenen Erfahrungen oder auch gesundheitspolitischen Interventionen wahrgenommen. Wenn Informationen einander widersprechen, kann ein unangenehmes Spannungsgefühl entstehen (vgl. den Begriff „kognitive Dissonanz" nach Festinger et al., 2009), das wir versuchen auszugleichen. Zur Reduktion von Dissonanz kann eine Verschwörungstheorie nützlich sein, da sie meist die komplexe Realität vereinfacht und vermeintlich erklärt. Messengerdienste wie Telegram sind aufgrund der mit ihnen scheinbar verbundenen Anonymität für viele das richtige Mittel, um diese Theorien zu verbreiten und von Anfang an nonkonforme Personen anzusprechen, die nach einer Alternative zu gängigeren Plattformen suchen. Dass diese Vorgehensweise so gut funktioniert, liegt daran, dass wir dazu neigen, bevorzugt Informationen wahrzunehmen und zu akzeptieren, die unseren Erwartungen und Überzeugungen entsprechen (Bartlett, 1995). Ist jemand also ohnehin kritisch und nicht davon überzeugt, konventionellen Nachrichten trauen zu können, so wird er sich in Gruppen, die vermeintliches Alternativwissen teilen, bestätigt fühlen, und diese Gruppen in Zukunft anderen Medien vorziehen. Innerhalb dieser Gruppen entsteht schon aufgrund der besonderen Information, die geteilt wird, ein Gefühl der Zusammengehörigkeit, nach dem sich gerade Jugendliche häufig sehnen. Außerdem kann das Streben nach Autonomie und Abgrenzung ein wichtiger Teil der Identitätsentwicklung von Jugendlichen sein und das Interesse an kontroversen oder zumindest unkonventionellen Gruppen und Ansichten verstärken. Diese Bedürfnisse sind normal und gesund. Die Förderung von Medienkompetenz und insbesondere die Förderung von kritischer Informationsbewertung können dazu beitragen, dass Kinder und Jugendliche, ebenso wie Erwachsene, mit falschen Informationen unabhängig vom eingesetzten digitalen Dienst umgehen können. Eine Studie von D'Errico (2022) zeigt, dass Jugendliche zwar viel darüber wissen, dass falsche Informationen im Umlauf sind, und selbst der Meinung sind, diese Informationen sicher erkennen zu können, es vielen aber noch deutlich an der Kompetenz fehlt, diese Informationen zu identifizieren.

2.5.2 Das Internet und der Abbau von Vorurteilen

Der einfache Zugang zu Wissen und die Möglichkeit, sich zu informieren, kann auch den Abbau von Vorurteilen unterstützen. Haben Kinder und Jugendliche bereits früh die Möglichkeit, sich über andere Menschen zu informieren, stehen die Chancen gut, dass sie sich offen mit Problemen anderer auseinandersetzen, und dass sie besonders gut darin sind, aus unterschiedlichen Perspektiven auf bestimmte Fragestellungen zu blicken, steht es ihnen doch offen, sich über alle möglichen Meinungen zu unterrichten. Neben dem bloßen Sammeln von Informationen macht das Internet auch das Knüpfen von Kontakten mit anderen Menschen auf der ganzen Welt möglich. Unabhängig von sozialen Milieus und finanziellen Möglichkeiten treten Kinder und Jugendliche miteinander in Verbindung und erfahren im Austausch mehr über unterschiedliche Lebensbedingungen, Gewohnheiten, Bedürfnisse und Regeln. Diese interessanten Informationen können zu einem besseren Verständnis für andere Menschen, und so zu einem friedlicheren Miteinander beitragen. Es bietet sich an, diese Möglichkeit in der Schule in unterschiedlichen Fächern aufzugreifen und zu nutzen (vgl. Tabelle 10). Vorurteilen gegenüber Minderheiten kann durch die zum Teil sehr humorvolle und jugendgerechte Aufbereitung entsprechender Themen vorgebeugt werden.

Tabelle 10: Beispiele für die jugendgerechte Aufbereitung politisch relevanter Themen im Internet

Internetseite	Inhalt
Frieden-Fragen: https://www.frieden-fragen.de	Kindgerechte Aufbereitung von Themen wie Krieg, Frieden, Gewalt, Nationalsozialismus ...; Lexikon zu mit Krieg und Frieden assoziierten Begriffen
Religionen entdecken: https://www.religionen-entdecken.de	Website mit Informationen zu verschiedenen Religionen inklusive Buchtipps, Spieltipps und Antworten auf Fragen wie „Kann der Buddha seinen Titel auch wieder verlieren?“
Kindersache: https://www.kindersache.de	Kindgerechte Nachrichten, in denen beispielsweise beschrieben wird, wie der Bundespräsident oder die Bundespräsidentin gewählt wird

Neues Wissen über fremde Völker weckt das Interesse an politischen und geschichtlichen Entwicklungen und an sozialen Bedürfnissen. Informationen über die Lebensbedingungen psychisch oder physisch beeinträchtigter Menschen erhöhen das Verständnis und Mitgefühl für sie. Es gibt unzählige Arten, wie das Internet die Vermittlung sozialer Kompetenzen im Unterricht stärken und zum Abbau oder zur Vorbeugung von Vorurteilen beitragen kann.

Eine der wichtigsten Besonderheiten des Internets ist, dass alle Menschen zu Wort kommen und sich zu den unterschiedlichsten Themen frei äußern können, wodurch die Nutzerinnen und Nutzer Zugriff auf eine unfassbar große Vielfalt an Meinungen haben. Nicht alle dieser Meinungen spiegeln die Einstellungen und Wünsche von Eltern wider, wie z.B. die Äußerung rechtsextremer Ansichten. Der Informationsaustausch über das Internet bietet also Chancen, birgt aber auch Gefahren in sich, die jedoch durch die Beschäftigung mit dem Mediennutzungsverhalten von Kindern und Jugendlichen reduzierbar sind, sodass die Potenziale des Meinungsaustausches im Internet so gewinnbringend wie möglich ausgeschöpft werden können. In diesem Zusammenhang sei auch auf Einrichtungen hingewiesen, die die Aufgabe haben, bei jugendschutzrevelanten Inhalten, die z.B.

ohne Altersverifikationssysteme abrufbar sind, aktiv zu werden (z. B. https://www.jugendschutz.net; vgl. auch Kapitel 1.1.2.3).

2.6 Psychosoziale Hilfestellung bei typischen Problemen im Jugendalter

2.6.1 Selbsthilfeforen

Die Rückschau auf die eigene Jugend lässt erahnen, dass das Leben von Kindern in der Pubertät durch die unterschiedlichsten Krisen erschüttert wird. Neben Entwicklungskrisen, die völlig normal sind und oft durch biologische Veränderungen ausgelöst werden, stehen der erste Liebeskummer, Ärger mit den Eltern und Geschwistern oder auch Schwierigkeiten bei der Eingliederung in eine Peergroup bevor. Viele dieser Themen werden, so bereitwillig es Eltern und andere an der Erziehung beteiligte Personen auch anbieten, nur ungern mit Erwachsenen besprochen. Zu groß ist die Scham oder die Furcht, auf Unverständnis zu stoßen. Das Internet bietet Jugendlichen die Möglichkeit, anonym Informationen über Inhalte zu sammeln, die sie nicht mit ihrer Peergroup oder ihrer Familie besprechen möchten. Virtuelle Selbsthilfeforen bieten eine nahezu unüberschaubare Vielfalt an Themen an, die über das Internet mit ebenfalls Betroffenen bearbeitet werden. Hierbei können Sexualität, Liebeskummer oder Ärger mit Freundinnen und Freunden ebenso zum Thema werden wie körperliche und psychische Krankheiten. Die meisten Selbsthilfeforen sind themen- und problembezogen ausgerichtet.

Viele Studien, die sich mit der Frage beschäftigten, inwiefern diese Forennutzung hilfreich ist, stellen spezifische Themenbereiche, die in Foren behandelt werden, in den Vordergrund. Die Themen, die hier abgedeckt werden, sind so vielfältig wie die Angebote zur virtuellen Selbsthilfe: Vom Umgang mit Diabetes im Collegeleben (Ravert et al., 2015) bis zu Schwierigkeiten, die sich für Kinder psychisch erkrankter Eltern ergeben (Hjärthag, 2015). Neben diesen klassisch psychologischen Themenbereichen werden auch die vielfältigen Aufgaben und Schwierigkeiten des Erwach-

finden, Korrekturbilder anzubieten, die eine realistische und kindgerechte Aufbereitungen des Themas Sexualität beinhalten (Bundeszentrale für gesundheitliche Aufklärung, 2011). Außerdem bringt der sehr einfache Zugang zu sexuellen Inhalten mit sich, dass Kinder und Jugendliche mit ungeeigneten Themen konfrontiert werden können. Eltern und andere Bezugspersonen sind also dringend dazu angehalten, ein vertrauensvolles Gesprächsklima zu schaffen, in dem solche Erfahrungen thematisiert werden können. Weitere Informationen dazu finden Sie in Kapitel 3. Neben problematischen Aspekten der Internetrecherche zum Thema Sexualität finden sich zahlreiche Angebote, die die umfassende und kindgerechte Aufklärung unterstützen und den Zugang zu häufig schambesetzten Inhalten für junge Nutzer erleichtern. Dass Eltern und Pädagogen Kinder und Jugendliche explizit auf geeignete Webseiten hinweisen, ist auch deshalb wichtig, da Studien zeigen, dass die inhaltliche Qualität von Internetangeboten zur Sexualaufklärung von Jugendlichen eher schlecht ist (Buhi et al., 2011).

Tabelle 11: Beispiele für Websites zur altersgerechten Aufklärung

Internetseite	Inhalt
„Trau dich!“: https://www.trau-dich.de	Neben der Erklärung von Begriffen wie „Erektion“ und der Aufklärung über Rechte finden sich hier Beratungsangebote; auch für jüngere Kinder geeignet
Sextra: https://www.profamilia.sextra.de	Online-Beratung für Jugendliche
Internetseelsorge: https://internetseelsorge.bistum-wuerzburg.de	Seelsorge
Loveline: https://www.loveline.de	Jugendportal zu Liebe, Sex und Verhütung
Get Social: https://www.get-social.at/themen/identitaet/homosexualitaet/?gclid=ClmugomBmtMCFcGdGwodfoEBPw	Jugendportal des Österreichischen Roten Kreuzes

Tabelle 11: Fortsetzung

Internetseite	Inhalt
HOSI Wien https://www.hosiwien.at/links	Homosexuelle Initiative Wien
Lambda: https://www.lambda-online.de	Jugendnetzwerk „jung, schwul, lesbisch, bi, trans*“

Zudem bietet das Internet mit Websites wie „Trau dich!“ auch die Möglichkeit, sexuelle Handlungen gegenüber Kindern anzuzeigen (das Thema sexuelle Gewalt im Internet wird in Kapitel 3.1.4 noch eingehender thematisiert).

Neben psychoedukativen Websites zur Sexualaufklärung existieren auch Online-Beratungsangebote, die häufig von karitativen Einrichtungen realisiert werden. Diese sind von großem Nutzen. So zeigte sich in einer Evaluationsstudie des Pro-Familia-Angebots (https://www.profamilia.sextra.de), das sich an junge Menschen mit sexualbezogenen Fragen und Problemen richtet, nicht nur, dass die Ratsuchenden mit der Beratung zufrieden waren, sondern ebenso ein Rückgang psychischer Belastung nach der Beratung. Diese Ergebnisse sind sowohl beeindruckend als auch ermutigend, da die Online-Beratung häufig nur wenige Beratungskontakte umfasste. Ebenso zeigte sich, dass die Ratsuchenden nicht etwa aufgrund vorhandener Hemmschwellen gegenüber einer persönlichen Beratung das Internetsetting wählten, sondern aufgrund der spezifischen Charakteristika, die das Internet als Beratungsumgebung bietet (z. B. das Aussehen einer Person spielt keine Rolle; die schriftliche Kommunikation hat den Vorteil, den Beratungsvorgang archivieren und damit später jederzeit nochmal durchlesen zu können; die Beratung kann unabhängig von Ort und Zeit in Anspruch genommen werden; Eichenberg, 2007).

Beispiele: Anfragen auf www.profamilia.sextra.de

- Guten Tag,
  ich bin in der 22. Schwangerschaftswoche und wollte mich informieren, was für finanzielle Hilfen es für mich und meine kleine Familie gibt. Konnen wir irgendwelche Leistungen in Anspruch

Computerspielen und zerrütteten Familienverhältnissen nachgewiesen (Batthyány et al., 2009; Tsitsika et al., 2011) und auch ein erhöhtes Erziehungsengagement seitens der Väter in Verbindung mit einem großen Konfliktpotenzial mit der Mutter kann ein Prädiktor für diese Form der Internetsucht sein (Krebs et al., 2009, September). Somit können ungeeignete Erziehungsmethoden und ein belastetes Familienklima dazu beitragen, dass Jugendliche sich hinter den Bildschirm zurückziehen. Daher ist es wichtig, neben Gefährdeten auch ihre Familien in Präventionsprogramme miteinzubeziehen. Auch die Peergroup sollte berücksichtigt werden (Eichenberg, 2013).

Biologische Faktoren, die zur Sucht prädisponieren, werden ebenfalls diskutiert. Das habituell unterschiedliche Erregungsniveau, also der von Mensch zu Mensch unterschiedlich hohe Ausgangspunkt der Erregung, und andere körperliche Merkmale können ebenso wie genetische Besonderheiten von Bedeutung sein. Diese biologischen Marker sind genauso individuell ausgeprägt wie psychische Charakteristika. Persönlichkeitsfaktoren wie überdurchschnittlich ausgeprägte Ängstlichkeit, soziale Hemmung, Sensation Seeking, also das Suchen nach immer neuen Kicks, geringe Leistungsorientierung und Defizite im Bereich der Gefühlsregulation und Stressbewältigung können die Entwicklung einer Sucht begünstigen (Wölfling et al., 2013).

Klinische Befunde weisen darauf hin, dass durch eine Computerspielsucht hoher Leidensdruck entstehen kann. Im Vergleich zu nicht süchtigen Jugendlichen sind computerspiel- oder internetabhängige Jugendliche, die in Asien untersucht wurden, deutlich psychopathologisch belastet, sie zeigen also beispielsweise eher Zwänge, Depression, Unsicherheiten im Sozialkontakt oder Ängste (Yang et al., 2005). Außerdem sind auch physiologische Begleiterscheinungen wie Übergewicht, Mangelernährung und Haltungsschäden zu beobachten (Schulte-Markwort et al., 2002). Computerspielsucht geht häufig mit weiteren psychischen Störungen einher, vor allem mit affektiven Störungen (wie Depression) und Angsterkrankungen. Dabei kann ein komplexes Bedingungsgefüge zwischen der Computerspielsucht und den depressiven Verstimmungen bzw. sozialphobischen Zügen angenommen werden. Eine Längsschnittstudie zeigte eine wechselseitige Beeinflussung der jeweiligen Symptomschwere. Interessanterweise wurde jedoch ebenso deutlich, dass mit Abnahme der Computerspielsucht sich auch die depressiven Symptome abmilderten, die parallel mit der Zunahme des süchtigen Verhaltens angestiegen waren

(Gentile et al., 2011). Zusammenfassend lässt sich festhalten, dass sich die Entstehung von Computerspielsucht aus dem komplexen Zusammenspiel unterschiedlicher Faktoren ergibt.

Gilt es herauszufinden, welche Faktoren Computerspiele so attraktiv machen, wird der sogenannte „Flow-Effekt" diskutiert. Hierbei handelt es sich um einen von Csikszentmihalyi (1996) untersuchten Zustand, der durch große Zufriedenheit und Selbstvergessenheit bei der Ausführung einer bestimmten Tätigkeit gekennzeichnet ist. Chiang et al. (2011) geben an, dass sich das Computerspiel sicherlich gut eignet, um „Flow" hervorzurufen. Wan und Chiou (2006) sehen allerdings keine Verbindung zwischen dem Aufkommen von Flow und der Entstehung von Süchten.

3.1.1.3 Exzessive Nutzung von Chatforen und sozialen Netzwerken

Nicht nur Computerspiele, sondern auch andere Formen digitaler Angebote, wie z. B. Chatforen oder soziale Netzwerke, erfreuen sich unter Kindern und Jugendlichen großer Beliebtheit (vgl. Kapitel 1.1). Durch sie wird die Bandbreite der Kommunikationsmöglichkeiten erheblich vergrößert, der Austausch mit bekannten oder auch unbekannten Personen kann über das Teilen und Kommentieren von eigenen Inhalten, Fotos, Literatur, publizistischen Beiträgen etc. stattfinden und nicht zuletzt ist durch Programme wie Skype auch der videotelefoniebasierte Austausch selbst über größte Distanzen möglich. Angehörige fremder Kulturen können ebenso kontaktiert werden wie der Nachbar zwei Häuser weiter, der so zum Fußballspielen aufgefordert wird. Die Chancen sozialer Vernetzung sind also vielseitig und lohnend (vgl. auch Kapitel 2.1.4).

Es sollte jedoch auch möglichen Gefahren Aufmerksamkeit geschenkt werden: Neben unerwünschten Kontaktaufnahmen (vgl. Kapitel 3.1.4), kann es auch zu suchtartigen Nutzungsweisen kommen und soziale Netzwerke oder Chatrooms können einen so großen Teil des Lebens mitbestimmen, dass es zu Problemen mit Eltern, Lehrkräften aber auch Freundinnen und Freunden kommen kann. Gerade Personen, die von den Vorteilen der Online-Kommunikation besonders profitieren, sind gefährdet, Suchttendenzen zu entwickeln.

So sind schüchterne, sozial gehemmte Personen, denen das Internet die nötige Distanz bietet, um verhältnismäßig unbeschwert mit anderen

Beschwerden eingibt. Nach wenigen Mausklicks erhält sie mögliche und vor allem beängstigende Diagnosen, die bis zu Hautkrebs reichen. Sie recherchiert weiter und findet ein Forum, in dem sich Menschen mit Hautkrankheiten austauschen. Hier stößt sie nach zweistündigem Lesen auf einen Krankenbericht, der ihre Angst, eine ernsthafte Krankheit zu haben, bestätigt. Seither kann sie an nichts mehr anderes denken, traut sich aber auch nicht, mit ihrer Mutter darüber zu sprechen.

Das am Beispiel von Marie aufgezeigte spezifische Problem der gesundheitsbezogenen Internetnutzung bezeichnen Fachleute als *Cyberchondrie* (White & Horvitz, 2009). Obwohl Recherchen in vielen Fällen hilfreich sein können, birgt die Suche im Internet die Gefahr einer Intensivierung gesundheitlicher Sorgen. Bei Cyberchondrie handelt es sich um ein Phänomen, welches durch eine unbegründete Angst (bzw. eine erhöhte Aufmerksamkeit) gekennzeichnet ist, unter einer ernsthaften Erkrankung zu leiden, die darauf basiert, dass gesundheitsbezogene Webinhalte durchsucht und gelesen werden. Eine erste Studie in Deutschland zu diesem Thema (Eichenberg, 2012) zeigte anhand von 471 Nutzerinnen und Nutzern verschiedener Gesundheitsforen, dass die als hypochondrisch (krankheitsängstlich) klassifizierten Personen nach eigenen Angaben nicht nur signifikant häufiger als nicht hypochondrisch klassifizierte Personen im Internet nach eigenen akuten und chronischen Symptomen sowie nach Beschwerden anderer (z. B. von Familienangehörigen) suchen, sondern den recherchierten Inhalten vor allem auch mehr Glaubwürdigkeit schenken. Insgesamt recherchieren gesundheitsängstliche Personen Informationen selektiv und bewerten diese im Sinne der Bestätigung der eigenen Annahmen, ernsthaft krank zu sein, in ängstlicher Art und Weise. In der Studie zeigt sich, dass die Online-Recherche bei hypochondrischen Internetnutzerinnen und -nutzern auch zu destruktiven Selbstbehandlungsmaßnahmen führt, wie z. B. dem Bestellen von Medikamenten oder zur Intensivierung gesundheitsbezogener Online-Aktivitäten.

Mit dem Phänomen der Cyberchondrie wird die Diskussion über problematische Bereiche des Netzes, wie beispielsweise Internetsucht (vgl. Kapitel 3.1.1) oder Plattformen, über die sich Jugendliche über Suizid oder Anorexie austauschen (vgl. Kapitel 3.1.3), erweitert. Es kann jedoch nicht davon ausgegangen werden, dass die Internetnutzung psychische Störungen (wie z. B. Hypochondrie bzw. Cyberchondrie) erzeugt – sie fungiert vielmehr als Katalysator. Das Internet kann zum Ausdrucksfeld psychischer Störungen werden sowie bestehende seelische Probleme verstärken (aber auch lindern). Sollten Eltern also bei ihren Kindern hypochondrische Tendenzen bemerken – die im Zuge der körperlichen Veränderungen während der Pubertät auch ein vorübergehendes Phänomen sein können – so ist ratsam, dass diese mit ihrer Tochter bzw. ihrem Sohn das Gespräch über die Vorteile, aber eben auch über die Risiken der gesundheitsbezogenen Internetrecherche sprechen und ihnen die Spirale des Angstanstiegs erklären. Natürlich kann jederzeit auch die behandelnde Hausärztin bzw. der behandelnde Hausarzt angesprochen werden, wenn Kinder und Jugendliche sich über längere Zeit hinweg Sorgen machen, ernsthaft erkrankt zu sein.

3.1.2.3 Medikamente, Alkohol und andere Drogen

Von einer dysfunktionalen Netznutzung kann nicht nur beim Erwerb von nicht verschreibungspflichtigen Arzneimitteln gesprochen werden, wenn diese für schädliche Selbstbehandlungsmaßnamen eingesetzt werden, sondern auch beim Kauf verschreibungspflichtiger Medikamente, die in problematischer Weise genutzt werden (z. B. zur Leistungssteigerung bei der Prüfungsvorbereitung), oder beim Kauf illegaler Drogen (z. B. Lv et al., 2014; Martinez et al., 2014; Verdi et al., 2016). Durch die unbegleitete Nutzung digitaler Medien können nicht nur diese zumeist unbeabsichtigten Formen schädigenden Verhaltens begünstigt werden, sondern auch bewusst selbstschädigende Nutzungsweisen. Der österreichische Suchtmittelbericht 2015 zeigt, dass große Mengen illegaler Drogen im Internet bestellt und über den Postweg versandt werden. Chinesische Internetplattformen werden besonders häufig frequentiert, es gibt allerdings auch österreichische Angebote (Österreichisches Bundeskriminalamt, 2015). Untersuchungen von www.jugendschutz.net brachten zudem sogenannte „Saufforen" zu Tage, in denen Alkoholkonsum glorifiziert wird. Der exzessive Genuss von Alkohol wird als Gemeinschaftserlebnis inszeniert. Neben Trinkspielen werden Bilder und Videos von Trinkgelagen geteilt (Glaser et al., 2010).

Sowohl auf den erleichterten Zugang zu illegalen Substanzen als auch auf die Inszenierung von Alkoholkonsum im Internet haben Eltern keinen Einfluss. Eltern sollten allerdings beide Themen mit ihren Kindern diskutieren. Insbesondere die Nebenwirkungen und Risiken von Drogen, Alkohol und nicht freigegebenen Medikamenten müssen regelmäßig in Schule und Elternhaus thematisiert werden, da diese von den Anbieterinnen und Anbietern im Internet naturgemäß verharmlost oder verschwiegen werden. Beachtet werden sollte dabei jedoch, dass eine Überdramatisierung und Verbote zu Reaktanz führen können und Verhaltensweisen, die gegen die gesetzten Grenzen und Verbote verstoßen, als besonders attraktiv erscheinen lassen. Um Widerstandsreaktionen zu vermeiden, ist es besonders wichtig, auf Moralpredigten zu verzichten. Je offener das Gesprächsklima bleibt, desto größer ist die Chance, Risikoverhaltensweisen entdecken und diesen behutsam entgegenwirken zu können.

Fallbeispiel: Paul

In der Klasse von Paul (15 Jahre) gibt es im Moment nur ein Gesprächsthema: Die Wochenenden, die er und seine Klassenkameradinnen und -kameraden in der hiesigen Disco verbringen. Zwischenfälle, wie Freundinnen und Freunde, die sich wegen ihres übermäßigen Alkoholkonsums übergeben müssen, unterhalten die Schülerschaft tagelang und werden über soziale Medien kommentiert. Eine wichtige Rolle spielt natürlich auch, wer wen geküsst hat und welcher von Pauls Mitschülern besonders vielen Mädchen nähergekommen ist. Neben diesem Aspekt spielt besonders eine Frage eine besonders große Rolle für das Ansehen in der Klasse: Welcher Junge verträgt am meisten Alkohol? Zum Glück hat Paul im Internet einige Tipps gefunden, um seine Trinkfestigkeit zu steigern! Eine Seite liefert sogar eine genaue Anleitung, um den Inhalt einer ganzen Tequila-Flasche herunterzubekommen, ohne sich zu übergeben. Hohe Trinkgeschwindigkeit und eine gute Grundlage aus deftigem Essen werden als Erfolgsgaranten angeführt. Als Paul nach seinem Versuch, diese Tipps umzusetzen, aufwacht, findet er sich im Krankenhaus mit einer Alkoholvergiftung wieder.

3.1.3 Selbstschädigende Nutzungsweisen: Suizid-Foren, Ritzer-Seiten und Pro-Ana-Bewegung

Etwa drei Viertel aller 12- bis 19-Jährigen loggen sich mindestens einmal pro Woche in ihre Online-Community ein. Solche Communitys werden unter anderem für den Austausch von Informationen bei psychischen Problemen oder seelischen Belastungen genutzt. Das Internet als Selbsthilfemedium wird unter verschiedenen Aspekten diskutiert, wobei die positive Einschätzung dieser Form der Nutzung insgesamt überwiegt (Eichenberg, 2013). Bei bestimmten Problembereichen und Symptomen wird die Nutzung solcher Communitys jedoch sehr kritisch bewertet. Dies betrifft vor allem Foren, in denen sich vorwiegend Jugendliche und Adoleszente mit Suizidabsichten, mit selbstverletzendem Verhalten oder auch mit Essstörungen austauschen. Auf diese Plattformen wird im Folgenden noch näher eingegangen.

Eltern sollten sich darüber bewusst sein, dass im Rahmen von Entwicklungskrisen vorübergehend auch selbstschädigende Verhaltensweisen auftreten können, die nicht zwingend immer das Ausmaß einer psychischen Erkrankung annehmen müssen (zur Übersicht siehe Eichenberg, 2009). Eltern und andere Bezugspersonen machen sich verständlicherweise Sorgen, wenn ihr Kind sich beispielsweise ritzt oder Suizidgedanken äußert. Sie sollten jedoch nicht versuchen, ihren Kindern, weil sie sich Sorgen machen, pauschal die Nutzung der im Folgenden beschriebenen Foren, zu verbieten. Stattdessen ist es wichtig, zu eruieren, welche Form der Hilfe sich die Jugendlichen (auch) im Internet suchen. Es geht darum, zu verstehen, aus welchen Motiven und Bedürfnissen heraus welche Form von Hilfe gesucht wird.

3.1.3.1 Suizid-Foren

Sogenannte Suizid-Foren sind virtuelle Diskussionsplattformen, in denen sich vorrangig Menschen mit Suizidgedanken austauschen und die in hohem Maße dazu beitragen, dass das Internet immer wieder als destruktives Medium erscheint. Die unterschiedlichen Foren, deren Zahl aufgrund der hohen Fluktuation nicht einmal geschätzt werden kann, ähneln sich häufig nur in Bezug auf ihre Themenwahl: Die Gestaltung solcher Plattformen ist abhängig von den Intentionen der Forenmaster, die Schwerpunkte setzen, moderieren und bestimmte Inhalte, wie beispielsweise die Diskussion von Methoden des Suizids verbieten und sanktionieren. Auf der einen Seite finden Verzweifelte in Foren oft Trost und Hilfe durch andere, auf der anderen Seite kann es auch zu sozialer Ansteckung kommen und die User können sich gegenseitig in ihrem selbstschädigenden Verhalten bestärken.

Schneider et al. (2011) beschäftigten sich damit, mit welchen Angeboten Internetnutzerinnen und -nutzer in suizidalen Krisen bei ihren Recherchen konfrontiert sind, wenn sie zum Thema Suizid im Internet suchen. Sie konnten fünf Kategorien von Foren identifizieren: Prosuizid- (PRO), Antisuizid- (ANTI), suizid-neutrale Websites (NEU), Websites ohne Bezug zu Suizid (NSS) oder „Error" (ERR). Als PRO wurden alle Websites kategorisiert, die Suizid befürworten, dazu animieren oder Anleitungen zu suizidalem Verhalten bieten. Als neutral (NEU) eingestufte Seiten bieten weder Hilfsangebote für Suizidale noch Ermutigungen zum Suizid. Konstruktive Hilfsangebote wurden als „ANTI" kategorisiert. Online-Zeitungen wurden beispielsweise als „Nicht-Suizid-Seite" (NSS) klassifiziert. Die Bezeichnung „ERR" erhielten Internetseiten, die nicht abrufbar sind. Bei der Untersuchung von Schneider et al. (2011) zeigte sich, dass die konstruktiven Hilfsangebote überwiegen. Auch die Nutzerinnen und Nutzer der vorgestellten Angebote lassen sich in Typen kategorisieren: Etwa 21 % der Personen suchen diese Foren mit destruktiven Motiven auf. Sie erwarten konkrete Hinweise auf effektive Suizidmethoden. Zugleich beteiligen sich diese Personen häufig auf konstruktive Weise und hoffen auf Hilfe und Unterstützung bei der Überwindung suizidaler Krisen. Dieser Nutzertyp kann als „ambivalent hilfesuchend" bezeichnet werden. Die sogenannten „unspezifisch motivierten" Nutzerinnen und Nutzer (etwa 31 %) zeigen keine stark ausgeprägten Motive – weder konstruktiver noch destruktiver Natur. Etwa 48 % der Personen, die Suizid-Foren aufsuchen, suchen in erster Linie die Kommunikation mit anderen Menschen, die unter einem ähnlichen Leidensdruck stehen. Sie werden als „konstruktiv Hilfesuchende" beschrieben (Eichenberg, 2008). Diese Struktur von Nutzertypen ließ sich auch in einer Studie, die die Nutzerinnen und Nutzer eines japanischen Suizid-Forums untersuchten, replizieren (Sueki & Eichenberg 2012). Somit sind entsprechende Foren nicht per se zu verteufeln, sondern es kommt darauf an, aufgrund welcher Motive die Internetplattformen im Einzelfall genutzt werden. So konnten wir in einer eigenen Studie z. B. beim „konstruktiven Nutzertyp" einen Rückgang der suizidalen Symptomatik im Nutzungszeitraum dieser Foren feststellen (Eichenberg, 2008).

Neben diesen Selbsthilfeplattformen existieren auch professionelle Online-Beratungsangebote für Menschen in suizidalen Krisen (vgl. Kasten). Junge Menschen, die unter Depressionen oder Suizidgedanken leiden, finden z. B. Unterstützung beim anonymen Mailberatungsdienst www.u25-deutschland.de (vgl. auch das folgende Fallbeispiel). Dieses Angebot ist besonders erwähnenswert, da es die spezifischen Bedürfnisse von

Jugendlichen berücksichtigt, indem es eine „Peer-to-Peer"-Beratung umsetzt. Das heißt, Jugendliche beraten – mit Unterstützung und unter Supervision von Erwachsenen – Jugendliche in Krisen. Jugendliche erhalten also Unterstützung durch Personen, von denen sie sich in der Regel verstanden fühlen, nämlich andere Jugendliche. Selbstverständlich bestehen Hilfsangebote für alle Altersgruppen und auch für Angehörige von Suizidgefährdeten.

Beispiele für Online-Hilfsangebote zum Thema Suizid

- *Kriseninterventionszentrum:* www.kriseninterventionszentrum.at
- *Neuhland – Hilfe in Krisen:* https://www.neuhland.net/informationsuizid.html
- *Rat auf Draht:* www.rataufdraht.at
- *Krisen im Alter:* https://krisen-im-alter.at
- *U25 Deutschland:* www.u25-deutschland.de
- *Youth-Life-Line – im Leben bleiben:* www.youth-life-line.de

Fallbeispiel: Anja[3]

„Hallo, ich weiß nicht mehr, was ich machen soll. Ich bin jetzt 17 und vor 1 Jahr war es schon mal so schlimm und jetzt fängt es wieder an. Damals dachte ich, mit dem Psychologen ist dann alles gut ... Bis vor 2 Monaten war es auch noch ganz OK, da habe ich mich auf meinen Freund konzentriert, aber jetzt ist er für ein Jahr nach Australien gegangen und mir entgleitet wieder der Boden ... Ich habe Angst, dass ich wieder falle, aber ich kann nicht mehr. Ich kann mich nicht jedes Mal wieder selbst stützen ... Und auch wenn mich wieder jemand fangen würde ... wie geht es dann weiter? Dann bin ich für ein paar Monate stabil und dann ... bisher ging es dann immer wieder runter irgendwann. Ich will dieses Auf und Ab nicht mehr, ich will nur noch Stille um mich haben. Ich weiß, wie schnell es bei mir umschlagen kann, und wenn es wieder so wird wie vor einem Jahr, dann ... Es ist schon jetzt schlimm genug, ich weiß gar nicht, warum ich es nicht gleich tue, warum ich hier überhaupt noch schreibe. Wenn es so weiter geht, bin ich zum Handeln gezwungen. Ich ertrage mich nicht mehr ... Anja"

3 Quelle: https://www.u25-deutschland.de

3.1.3.2 Selbstverletzendes Verhalten

Auch Jugendliche, die zu selbstverletzendem Verhalten (SVV) neigen, finden im Internet Foren und Plattformen, die dem Austausch und zur Information dienen. Es gibt

- Informationsangebote (z. B. https://www.labbe.de/Life-Hacks-fuer-Kinder/Lebenswichtig/),
- Möglichkeiten zur Online-Beratung (z. B. https://jugendnotmail.de/) sowie
- Möglichkeiten zur Kommunikation mit anderen Betroffenen (Online-Selbsthilfeforen, z. B. https://forum.rotetraenen.de).

SVV-Communitys bestehen typischerweise aus einer Homepage, auf der unter anderem Informationen zu SVV mit Symptombeschreibungen und Literaturtipps zu finden sind, die von Laien zusammengestellt wurden. Auch Erfahrungsberichte von Betroffenen bezüglich ihrer Erkrankungsgeschichte sind häufig zu finden (Eichenberg, 2013). Für Eltern existieren ebenfalls Websites (z. B. https://familienportal.de), die für erste Recherchen und zur Beratung genutzt werden können.

Häufig erfahren Eltern erst vom selbstverletzenden Verhalten ihrer Kinder, wenn sich Wunden entzünden, Blutungen sich nicht mehr stoppen lassen oder Narben sichtbar werden. Um emotionale Spannung abzubauen, fügen sich manche Jugendliche mit dem Messer, mit offenem Feuer, mit Scheren, mit brennenden Zigaretten und anderen Werkzeugen Schaden zu. Damit beabsichtigen sie zumeist nicht, wie von entsetzten Eltern oft befürchtet, den Suizid, sondern sie suchen nach einer Möglichkeit, ihre Emotionen zu regulieren (Sonnenmoser, 2013). Neben der Emotionsregulation können selbstverletzende Verhaltensweisen aber auch weitere Funktionen haben (vgl. Tabelle 13; ausführlich in Eichenberg, 2009).

Neue Ergebnisse aus schwedischen Studien zeigen, dass auch Sex als Möglichkeit, sich selbst zu verletzen, genutzt wird. Damit ist gemeint, dass eine Person nach sexuellen Situationen sucht, die zu physischem oder psychischem Schmerz oder Schaden führen. Dieses Verhalten hat Auswirkungen auf wichtige Lebensbereiche der Betroffenen (Fredlund et al., 2017). Eine koreanische Untersuchung zeigte, dass 12.4 % einer Stichprobe von 784 Jugendlichen zumindest einmal selbstverletzendes Verhalten an den Tag gelegt haben (Lee, 2016). Insgesamt sind jedoch nur 1 bis 4 % der Bevölkerung betroffen. In den letzten Jahren wurde auch kein Anstieg beim Auftreten von SVV beobachtet, was aufgrund der möglichen „Ansteckungsgefahr" durch SVV-Foren im Internet befürchtet wurde.

Tabelle 13: Mögliche Funktionen von SVV

Intrapersonale Funktionen	Interpersonale Funktionen
• Selbstbestrafung • Emotionsregulation • Bewältigung von belastenden Lebensereignissen • SVV als Ausdrucksmedium eigener Gefühle • Selbstfürsorge • Existenzversicherung/Identifikationsmöglichkeit	• Bestrafung anderer • Reduktion von Ärger über andere • (Präverbaler) Hilferuf oder Manipulationsversuch • Appell • Erlangen von Aufmerksamkeit und Zuwendung • Kommunikation (z.B. über Gefühle)
→ SVV als Coping-Strategie und Selbsttherapeutikum	

3.1.3.3 Pro-Ana-Foren

Das Internet stellt eine Fülle von Ressourcen für Betroffene von Essstörungen bereit, die von komplexen E-Health-Programmen (z.B. https://tu-dresden.de/mn/psychologie/ikpp/e-mental-health/forschung/integrating-technology-into-mental-health-care-delivery-in-europe-icare) bis hin zu reinen Selbsthilfe-Plattformen (z.B. www.magersucht.de) reichen. In einzelnen wissenschaftlichen Studien konnten positive Effekte solcher Programme aufgezeigt werden.

Innerhalb dieser Art von Plattformen hat sich ein bestimmter Typ des Forums von und für Essgestörte herausgebildet, die sogenannten Pro-Ana-Foren. Wobei „Pro-Ana" für pro Anorexia nervosa und „Pro-Mia" für pro Bulimia nervosa steht. In diesen Foren tauschen sich Betroffene aus, die ihre Essstörung nicht nur nicht bekämpfen, sondern sich sogar für diese aussprechen und diese aufrechterhalten wollen. Ziel der Foren ist es, sich über das Internet gegenseitig über Methoden der Gewichtskontrolle auszutauschen und sich zu motivieren. Vor allem Mädchen und junge Frauen rufen diese Angebote im Internet ab (Eichenberg, 2013). Neben Informationen über Essstörungen, wie z.B. Symptome und Verlauf, finden Nutzerinnen Kalorientabellen oder Tipps und Tricks zur Aufrechterhaltung des gestörten Essverhaltens. Auch finden sich in diesen Foren Fotos von Mädchen, die den Verlauf ihrer Erkrankung dokumentieren und so zu Gallionsfiguren der Bewegung werden.

Nicht nur junge Frauen, sondern auch junge Männer werden zunehmend durch solche Foren angesprochen, auch wenn andere Themen im Vordergrund stehen. So werden besonders auf Plattformen, die sich an Sportlerinnen und Sportler richten, zum Teil gesundheitsgefährdende Tipps geteilt oder Erfahrungen mit Anabolika ausgetauscht. Substanzmissbrauch mit dem Ziel des Muskelaufbaus kann viele gefährliche Folgen für den Körper haben. Im Gegensatz dazu gibt es auch Sportarten, für die ein geringes Körpergewicht von Vorteil ist und innerhalb deren Szene sich Essstörungen wie die Anorexia athletica herausbilden können (Ehlers & Eichenberg, 2017). Jugendliche, die unter diesem Krankheitsbild leiden, tauschen Erfahrungen und unter Umständen eben auch Tricks über das Internet aus. Bei sportassoziierten Essstörungen steht die Reduktion des Körpergewichts zur Verbesserung der athletischen Leistung im Vordergrund. Tatsächlich ist langfristig aber mit Leistungsabfällen zu rechnen (Sundgot-Borgen & Torstreit, 2004, 2010). Das Tückische an sportorientierten Seiten ist ihre vermeintliche Wellnessausrichtung: Sehr häufig werden Anregungen für eine verbesserte Gesundheit, eine erhöhte Konzentrationsfähigkeit und ein gesteigertes Wohlempfinden Seite an Seite mit gesundheitsgefährdenden Diäten und Sportplänen vorgestellt. Die Gefahr besteht darin, dass viele dieser Webseiten sowohl auf junge User als auch auf deren Erziehungsberechtigte zunächst positiv und gesundheitsfördernd wirken, obwohl häufig problematische Inhalte und Körperideale weitergegeben werden.

Fallbeispiel: Sophie

Sophie bewundert die sportlichen Mädchen, deren Blogs sie verfolgt, sehr. Eine ihrer Heldinnen postet regelmäßig ihre Mahlzeiten, um zu zeigen, wie sie ihre tolle Figur halten kann. Sophie nimmt sich vor, diese Gewohnheiten zu übernehmen und ab jetzt genau so zu essen wie die Bloggerin. Das Abendessen, das ihre Mutter ihr zubereitet, ignoriert sie und in der Schule bemerkt zum Glück niemand, dass sie nur mehr eine Handvoll Heidelbeeren zu Mittag isst. Eines Tages bricht sie in der Schule zusammen. Als sie von der Schulärztin danach gefragt wird, was sie in letzter Zeit zu sich genommen hat, erzählt Sophie von dem Kohl-Smoothie zum Frühstück, der Handvoll Heidelbeeren zu Mittag und dem „Dinnercancelling“ am Abend. Obwohl Sophie noch keine körperlichen Anzeichen dafür aufweist, deutet ihr Verhalten auf die Entwicklung einer Essstörung hin.

Auch auf YouTube gibt es unzählige Pro-Ana-Kanäle, allerdings finden sich auf der Videoplattform ebenso Angebote, die sich der Pro-Anorexie-Community entgegenstellen. Und diese Angebote erhalten deutlich mehr positives Feedback, wie die Analyse von 12 161 Kommentaren ergab (Oksanen et al., 2015). Wie groß die Fülle an Pro-Ana-Material im Internet ist und wie leicht dieses Material für Kinder und Jugendliche zugänglich ist, ist laut Custers (2015) den meisten Erwachsenen nicht bewusst. Sowohl für Eltern als auch für medizinisches Personal wäre es allerdings von großem Vorteil, über diese Inhalte informiert zu sein (Bates, 2015). Die Analyse von Teufel et al. (2013) zeigt zudem, dass Pro-Ana-Foren auf Facebook sehr präsent, aktiv und gut organisiert sind, während professionelle Hilfe vergleichsweise selten zu finden ist. Die Effekte von Pro-Ana-Foren sind differenziert zu betrachten und keinesfalls nur destruktiv. Juarez et al. (2012) konnten zwar zeigen, dass die Nutzung von Pro-Ana-Foren den Wunsch, schlank zu sein, verstärken kann. Offenbar sind deren Nutzer oft depressiv, weisen Tendenzen zu selbstverletzendem oder sogar suizidalem Verhalten auf, zeigen aber gleichzeitig großes Interesse an Behandlungsmöglichkeiten (Yom-Tov et al., 2016). Diese Ergebnisse weisen darauf hin, dass in den gut strukturierten und organisierten Gruppen auch Potenzial zur Behandlung von Essstörungen schlummert. Aus einer Studie von Eichenberg, Flümann et al. (2011) geht hervor, dass ca. ein Drittel der Studienteilnehmerinnen erstmalig durch Medien (31.1 %) oder einen Link von einer anderen Website (30.6 %) und 21 % durch eine Suchmaschine auf Pro-Ana aufmerksam gemacht wurden. Der Großteil der Befragten nutzte nur ein Pro-Ana-Forum (60.7 %). Knapp ein Drittel der Befragten nutzte Pro-Ana-Foren seit mehr als zwei Jahren, 51.9 % der Teilnehmerinnen seit einem halben Jahr bis zwei Jahren. Die Frequenz, mit der Pro-Ana-Foren genutzt werden, ist dabei ausgesprochen hoch: 83.6 % der Befragten besuchten das von ihnen bevorzugte Forum mindestens einmal täglich, 79.9 % veröffentlichten mindestens einmal pro Tag eigene Beiträge im Forum. Besonders alarmierend ist das Ergebnis, dass zwei Drittel (65.7 %) angaben, dass niemand aus dem „realen" Umfeld von ihrer Aktivität in derartigen Foren wisse (Eichenberg et al., 2011).

„Thinspiration" und „Size Zero" sind Begriffe, die in diesem Zusammenhang häufig auf Plattformen wie Instagram und Pinterest sowie auf Blogs auftauchen. Gemeint sind damit Bilder, aber auch Filme, Lieder und Bücher, die als Inspirationsquelle beim Kampf gegen die Kilos dienen (vgl. Abbildung 7). Unter Titeln wie „I like bones“ oder „Zero is sexy“ werden ganze Kataloge an „Thinspirations“ erstellt, die gemeinsam mit Tipps zur Gewichtsabnahme jeder Altersgruppe zur Verfügung gestellt werden. Viele Plattformen, wie beispielsweise Instagram, reagieren auf diese Bewegung mit der Bereitstellung von Links zu Beratungsstellen, die erscheinen, sobald bestimmte mit Essstörungen assoziierte Suchbegriffe eingegeben werden (vgl. Abbildung 7).

Ein weiterer Begriff, nach dem häufig in den Foren gesucht wird, ist die sogenannte „thigh gap“, die die Lücke zwischen den Oberschenkeln sehr

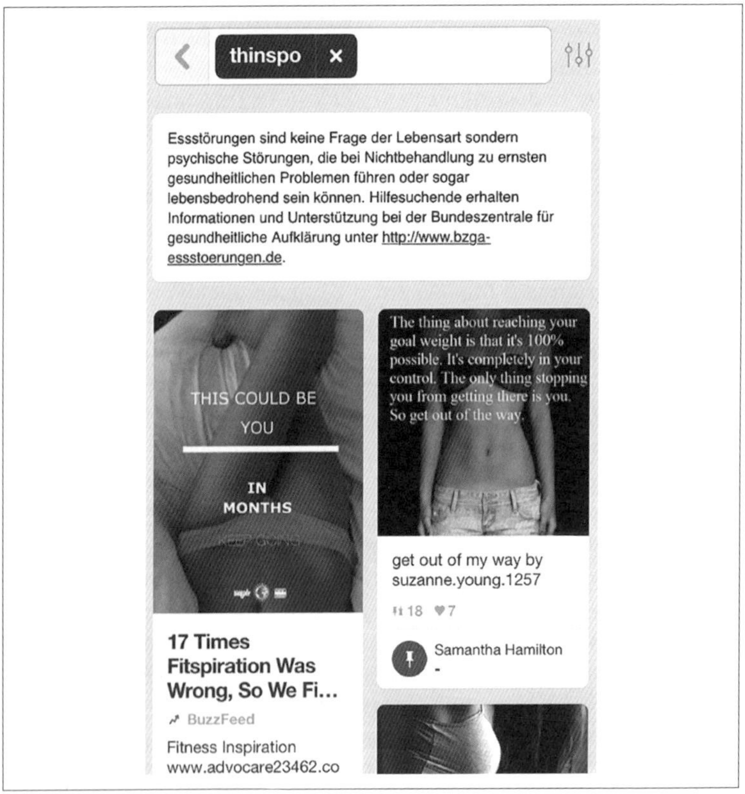

Abbildung 7: Suchergebnisse in einem sozialen Netzwerk zum Schlagwort „thinspo“

dünner Frauen bezeichnen soll. Vielen Forennutzerinnen ist nicht bewusst, dass nicht so sehr das Gewicht eine Rolle spielt, ob diese Lücke zustande kommt, sondern die Lücke vielmehr vom Körperbau eines Mädchens abhängig ist. Problematisch ist also, dass online verschiedene Kriterien zur Überprüfung des eigenen Gewichts propagiert werden, die medizinisch nicht geprüft und die in den meisten Fällen völlig realitätsfern sind. Nichtsdestotrotz richten sich viele Jugendliche nach diesen Ratings, um ihr Körpergefühl zu prüfen und zu schärfen – zum Teil mit verheerenden körperlichen wie psychischen Folgen.

Wie bereits erwähnt, beinhaltet auch die Verbreitung scheinbar gesunder Sport- und Ernährungstipps Gefahren, da die online gestellten Informationen sich nur selten an den Empfehlungen von Expertinnen und Experten orientieren. Für Kinder und Jugendliche kann es auch schwierig sein, Bilder von sehr dünnen Frauen, die sich mit hochkalorischen Nahrungsmitteln abbilden lassen, einzuordnen (vgl. hierzu auch Abbildung 4 in Kapitel 2.1.3). Sie verzweifeln daran, dass ihre Vorbilder offenbar unendlich viele Süßigkeiten zu sich nehmen können, ohne zuzunehmen. Entweder sie orientieren sich an den medial zur Schau gestellten scheinbaren Essgewohnheiten und nehmen über kurz oder lang in frustrierender Weise zu, oder ihr Selbstbewusstsein leidet darunter, dass sie zu demselben Ergebnis nur durch äußerste Selbstrestriktion kommen.

Hinweis

Vor diesem Hintergrund ist es von großer Bedeutung, Kindern und Jugendlichen schon früh zu vermitteln, dass der Realitätsgehalt online verbreiteter Informationen oft nicht überprüft wird und der Inhalt fragwürdig sein kann.

Zudem ist es wünschenswert, dass Personen, die im Internet präsent sind und als Vorbilder für viele Menschen dienen, sich aktiv mit ihrer Rolle und der damit einhergehenden Modellwirkung auseinandersetzen. Denn die Ergebnisse einer Pilotstudie zu den Auswirkungen von Pro-Ana-Foren zeigen, dass Frauen sich, nachdem sie sich mit Pro-Ana-Foren auseinandergesetzt haben, weniger attraktiv fühlen, sich als weniger selbstwirksam empfinden und ein verringertes Selbstwertgefühl aufweisen. Zudem fühlten sie sich eher übergewichtig (Bardone-Cone & Cass, 2006). In einer Studie von Eichenberg, Flümann et al. (2011) zeigte sich bei einer Befragung von Pro-Ana-Nutzerinnen, dass zwar ein

Teil der Nutzer negative Effekte berichtet (z.B. deutliche weitere Gewichtsreduktion der Mitglieder in Pro-Ana-Foren im Nutzungszeitraum), allerdings waren auch positive Effekte auszumachen. So sank beispielsweise nicht – wie häufig berichtet und befürchtet – die Bereitschaft, Psychotherapie in Anspruch zu nehmen, und ein Teil der Teilnehmerinnen fühlte sich seit der Forennutzung auch weniger einsam und in emotionalen Krisen unterstützt.

Dass Foren auch in einer emotionalen Krisensituation Unterstützung bieten können, zeigt der folgende Fall in einem SVV-Forum (vgl. Abbildung 8).

Fallbeispiel

Sonnentänzerin
Freitag, 7. März 2008, 16:09
Druck zum schnd*n wird immer quälender**
Hey Leute,

ich hab schon lange nichts mehr geschrieben, aber es ist wieder so weit.
Der Text handelt um den quälenden Druck und auch um Flashbacks, kann also auch ein kleines bisschen triggern.

Beiträge: 2 536
Wohnort: Saarland

Also, der Druck mich zu schneiden wird im Moment immer größer. Ich versuche mich die ganze Zeit abzulenken.
Ich weiß, dass der Druck nach einer Zeit wieder verschwindet, aber gerade werde ich wieder auf eine harte Probe gestellt.
Ich weiß nicht, warum ich zum Zeitpunkt so viel Druck hbe, eigentlich ist im Moment eigentlich alles ok.

Abbildung 8: Beitrag einer Nutzerin im SVV-Forum

Antworten anderer Nutzer:

18:39: „Geh raus. Jetzt und sofort. Raus aus der Wohnung, ein Stück spazieren. Da hast du nämlich gar nicht die Möglichkeit, dich zu v*rl*tzen."

19:17: „i.S. von gemeinsam sind wir stark: mir geht es ähnlich wie Dir, der Druck wird immer stärker. Doch bis jetzt hab ich es geschafft ihm standzuhalten"

Sa, 14:42: „Hey! Vielen Dank ihr Beiden. Ich hab mit einer lieben Freundin aus dem Forum abgemacht, dass wir immer eine Uhrzeit ausmachen, bis wohin wir es schaffen wollen u. dann vereinbaren wir eine neue Uhrzeit. Bis jetzt hat es sehr gut geklappt, ich bin nicht rückfällig geworden."

Aufgrund der unterschiedlichen Ausrichtungen der Foren gilt es also neben den dargestellten potenziellen Gefahren der erwähnten Online-Foren ebenso auch die Chancen virtueller Selbsthilfe sowie die potenziell positiven Effekte dieser Communitys abzuwägen. Gerade im Jugendalter und der Adoleszenz ist die soziale Unterstützung, die Nutzerinnen und Nutzer in entsprechenden Netzwerken erleben, von großer Relevanz. Durch die Online-Kommunikation wird die individuelle Isolation der Betroffenen durchbrochen. Anknüpfend an diese Erkenntnis sehen Einrichtungen des Jugendschutzes zunehmend von Zensurmaßnahmen in Bezug auf Netzwerke ab und suchen stattdessen Wege, Jugendliche in Krisen aufzufangen. Zu diesem Zweck werden beispielsweise die Betreiberinnen und Betreiber von sozialen Online-Netzwerken und Expertinnen und Experten von Beratungsstellen miteinander vernetzt (Eichenberg, 2013).

Eltern, die befürchten, dass ihre Kinder Suizid-, SVV- oder Pro-Ana-Foren besuchen, sollten zunächst das Gespräch mit ihrem Nachwuchs suchen und versuchen, möglichst viel über dessen Nutzungsmotivation zu erfahren. Häufig ist es so, dass selbstschädigende Verhaltensweisen insgesamt in der Familie oder auch im Freundeskreis unbemerkt bleiben, da die Betroffenen z. B. Selbstverletzungen unter der Kleidung verstecken oder bei Tisch scheinbar normal mitessen, um anschließend das zu sich Genommene dann aber heimlich wieder zu erbrechen. Ein sensibles, verständnisvolles Ansprechen der beobachteten Symptome – ohne Schuldzuweisungen – ist hier ebenso ratsam, wie es zu unterlassen, die entsprechende Forennutzung zu verbieten. Ein solches Verbot ließe sich zudem in der Regel sowieso nicht durchzusetzen, da Jugendliche am Handy, im Internetcafé oder auch bei Freundinnen und Freunden die Online-Foren weiternutzen könnten.

Eltern sollten sich auch bewusstmachen, dass Betroffene in einer Krise in den Foren mit und durch die ebenso Betroffenen Halt finden können. Wie bereits erwähnt, konnten Studienergebnisse zeigen, dass das Hauptmotiv, solche Foren zu nutzen, darin besteht, emotionale Unterstützung zu erfahren, anderen emotionale Unterstützung zu geben und offen über die eigenen Sorgen und Nöte zu sprechen (Eichenberg, 2010, 2014; Eichenberg, Flümann et al., 2011). Demnach bieten diese Foren auch einen wichtigen sozialen Raum, der stabilisiert, sodass bei einem Verbot das Risiko besteht, dass Betroffene wichtige soziale Kontakte verlieren und ihr Zustand sich in der Folge eher verschlechtert. Es hat sich auch gezeigt, dass viele Betroffene später – wenn sie die Krise überwunden haben – die Forennutzung von selbst wieder aufgeben.

Wichtig ist es, dass Bezugspersonen Betroffene auf zusätzliche Unterstützungsmöglichkeiten hinweisen, z. B. auf weitere, ausschließlich auf die konstruktive Krankheitsbewältigung ausgerichteten Online-Selbsthilfeforen bei Essstörungen (z. B. www.magersucht.de) bzw. eine therapeutische Hilfe einleiten, d. h., z. B. Kinder- und Jugendlichenpsychotherapeuten konsultieren (vgl. Kapitel 3.2).

3.1.4 Deviante Nutzungsweisen: Cybermobbing, Cyberstalking und sexuelle Gewalt

Kinder und Jugendliche können traumatische Erfahrungen im Zusammenhang mit der Nutzung von digitalen Medien machen: Cybermobbing, Cyberstalking oder verschiedene Formen sexueller Gewalt sind Beispiele hierfür, die inzwischen schon unter dem Begriff des „Cybertraumas" subsummiert werden (vgl. Catherine Knibbs[4]; ausführlich Eichenberg & Huss, 2023).

3.1.4.1 Cybermobbing

Cybermobbing, also die Nutzung des Internets, um absichtlich schwächere Individuen oder Gruppen zu diffamieren oder zu schikanieren, ist zurzeit eines der meistdiskutierten mit digitalen Medien zusammenhängenden Phänomene. Immer wieder machen Betroffene zum Teil gerade über Internetplattformen auf sich aufmerksam oder in den Medien tauchen Berichte über verzweifelte Kinder und Jugendliche auf, die unter dem Druck des Cybermobbings massiv leiden. Daher ist es nur allzu verständlich, dass dieser Themenbereich Eltern besonders interessiert und es von besonderer Relevanz ist, sowohl Eltern als auch Kinder und andere Erwachsene, die in der Erziehung eine Rolle spielen, darüber im Detail zu informieren.

Weniger im Blick psychologischer Forschung und medialer Aufmerksamkeit ist das mit dem Cybermobbing verwandte Phänomen, die sogenannten Online-Shitstorms, das sich jedoch in wesentlichen Punk-

4 vgl. https://www.childrenandtech.co.uk; Catherine Knibbs: What is Cybertrauma?

ten vom Cybermobbing unterscheidet: Der Shitstorm findet in der Öffentlichkeit und im Gegensatz zu „traditionellem“ Mobbing nicht im privaten Umfeld statt und hat oft eine „moralische“ Empörung als Motivation (Rost et al., 2016). Die spezifischen psychosomatischen Auswirkungen auf die Betroffenen sind noch nicht untersucht worden. Auch wenn davon auszugehen ist, dass sie denen des Cybermobbings ähneln, sollten Eltern und andere Bezugspersonen zumindest dafür sensibilisiert sein, dass Online-Shitstorms nicht nur – wie häufig angenommen – vor allem Firmen betreffen, sondern auch Einzelpersonen, wie das prominente Beispiel der österreichischen Ärztin Lisa-Maria K. zeigte (Vichtl, 2022): Nachdem sie sich im Jahr 2021 im sozialen Netzwerk Twitter (jetzt X) kritisch gegenüber Teilnehmenden einer Demonstration äußerte, wurde sie zum Ziel einer massiven Flut an Beschimpfungen, Verleumdungen und (Mord-)Drohungen, die selbst nach ihrem möglicherweise damit im Zusammenhang stehenden Suizid nicht endete (Der Spiegel, 2022).

Fallbeispiele

- Im Februar 2015 löste der 19-jährige Benjamin Fokken[5] mit einem Video, das er über die Plattform Facebook veröffentlichte, Schlagzeilen aus. In seiner schlichten, in Schwarz-Weiß gehaltenen Aufnahme rief Benjamin, der selbst Opfer von Mobbing wurde, zu größerer Toleranz gegenüber anderen auf und machte auf das Phänomen Mobbing und Cybermobbing aufmerksam. Innerhalb weniger Stunden löste er über die Internetgemeinschaft eine Welle der Solidarität aus, die auch Fernsehen und Printmedien erreichte.
- Im Herbst 2012 wandte sich die 15-jährige Amanda Todd[6] mithilfe eines Internetvideos an die Öffentlichkeit, um auf Cybermobbing aufmerksam zu machen. Die Schülerin hatte einer Chatbekanntschaft Nacktfotos geschickt, und wurde mit diesen Fotos erpresst und gedemütigt. Dieser Zwischenfall hatte katastrophale soziale Folgen, da sie sowohl in der Schule als auch über das Internet verhöhnt wurde und, wie sie in ihrem Video angab, so all

5 Quelle: https://www.augsburger-allgemeine.de/panorama/Wie-Mobbing-Opfer-Benjamin-Fokken-sich-befreite-id39132337.html

6 Quelle: https://www.sueddeutsche.de/digital/mobbing-im-internet-der-angekuendigte-tod-der-amanda-todd-1.1502486

ihre Freundinnen und Freunde verlor. Schließlich suizidierte sich das Mädchen. Sie wurde zu einer Symbolfigur gegen Mobbing.
- Sowohl dem 13-Jährigen Joel[7] aus Österreich als auch dem ebenfalls 13-Jährigen Asher Brown[8] wurde Homosexualität nachgesagt und sie wurden damit verspottet. Beide Kinder führten die Anschuldigungen ihrer Mitschülerinnen und Mitschüler im Jahr 2010 in den Suizid.

Empörend an diesen Fällen ist nicht nur die unglaubliche seelische Gewalt, mit der sich Opfer von Cybermobbing konfrontiert sehen, sondern auch die Themen, die angesprochen werden, um andere zu verhöhnen: Vorwürfe, die Hautfarbe, Herkunft oder auch Sexualität betreffen, weisen auf ein weiteres Problem hin, nämlich die offenbar in der Gesellschaft tiefverankerte mangelnde Toleranz für Minderheiten. Diese Rückständigkeit kann fatale Folgen haben und ihre Auflösung ist eines der wichtigsten Erziehungsthemen.

Was ist Mobbing?

Das englische Verb „to mob" bedeutet „über jemanden herfallen, anpöbeln". Durch die starke mediale Aufbereitung wird der Begriff Mobbing häufig auch auf gewöhnliche Konflikte und Streitigkeiten im Ausbildungs- und Berufsalltag angewendet. Um von Mobbing sprechen zu können, muss jedoch eine Reihe von Kriterien erfüllt sein, die die zeitliche Dauer, den Schweregrad und die Häufung der Ereignisse, die Verursachungsbedingungen, die Art der Betroffenheit sowie die Beziehung zwischen Opfer und Täter betreffen (Fischer & Riedesser, 2009).

Mobbing beinhaltet immer negative kommunikative Handlungen von einer oder mehreren Personen (Täter), die gegen eine Person (Opfer) gerichtet sind, über einen längeren Zeitraum (mindestens ein halbes Jahr) vorkommen und charakteristisch für die Beziehung zwischen den Akteurinnen und Akteuren sind. Das Opfer wird systematisch, häufig (z. B. mindestens einmal pro Woche) mit dem Ziel oder dem Effekt des Ausstoßes aus einer Gruppe direkt oder indirekt angegriffen (z. B. Zapf, 1999; Leymann, 2002).

---

7 Quelle: https://kaernten.orf.at/news/stories/2755540

8 Quelle: https://derstandard.at/1285199830945/USA-Selbstmord-eines-Schuelers-nach-massivem-Mobbing

Die Methoden des Mobbings sind sehr heterogen. Dazu zählen die Vorenthaltung von Informationen, die Isolierung der gemobbten Person (keiner spricht mit ihr, andere verlassen den Raum, wenn das Opfer zur Tür hereinkommt), ungerechtfertigte Abmahnungen (besonders im Arbeitskontext), Angriffe auf die Person und ihre Privatsphäre (vor anderen lächerlich machen, Witze über das Privatleben), verbalen Drohungen bis hin zur Androhung und Ausübung von körperlicher Gewalt (Eichenberg, 2013).

Wer ist betroffen?

Mobbing betrifft Kinder und Erwachsene gleichermaßen und wurde als Begriff zunächst traditionell in Bezug auf das Arbeitsumfeld benutzt. Es lässt sich aber ebenso im Schulalltag oder in der Freizeitgestaltung beobachten. Laut einer repräsentativen Umfrage des Hightech-Verbands BITKOM wurde in Deutschland jeder siebte Jugendliche (14 %) im Alter von 10 bis 18 Jahren im Internet bereits einmal gemobbt. Eine genauere Analyse dieser Mobbingopfer ergab Unterschiede innerhalb verschiedener Altersgruppen: Unter den 10- bis 12-Jährigen waren bereits 9 % betroffen. Unter den 13- bis 15-Jährigen wurden 16 % und unter den 16- bis 18-Jährigen 15 % zum Opfer von Cybermobbing. Mädchen sind mit einem Anteil von 15 % insgesamt häufiger betroffen als Jungen mit 13 % (Bitkom Research, 2014). Allerdings wurden die in der Studie zugrunde gelegten Kriterien für Mobbing nicht genauer expliziert. Daher ist es nicht möglich, genaue Häufigkeitsangaben aus den Ergebnissen abzuleiten. Denn Prävalenzangaben schwanken aufgrund der zugrunde gelegten diagnostischen Kriterien und Zugänge (z. B., ob Selbsteinschätzung oder objektive Kriterien angewendet wurden).

Opfer und Täter

Aus den vorliegenden Forschungsergebnissen lässt sich bisher keine „typische Opferpersönlichkeit“ herauslesen. Mobbing kann jeden treffen, wobei Mädchen scheinbar etwas öfter betroffen sind (Bitkom Research, 2014). Dies könnte allerdings auch daran liegen, dass Geschlechterrollen es Mädchen eher erlauben, die Hilfe Erwachsener zu suchen, und es Jungen weniger „gestattet“ ist, Schwäche zu zeigen. Wer zur Täterin bzw. zum Täter wird, ist besser untersucht und lässt sich zum Teil aus psychologischen Mechanismen erklären. Zudem werden im Folgenden nicht nur direkt ausübende Täterinnen und Täter vorgestellt, sondern auch diejenigen, die sich am Rande beteiligen.

Runions (2013) unterscheidet mehrere Typen von Täterinnen und Tätern:

- *Impulsiv-reaktive Mobber* reagieren auf wahrgenommene Provokationen schnell mit Wut und Aggression. Sie verfügen über wenig Selbstkontrolle und neigen zu impulsivem Verhalten. Da im Internet, z. B. auf sozialen Plattformen, nicht dieselbe Fülle an Hinweisreizen, die die Interpretation einer Situation vereinfachen, zur Verfügung stehen, begünstigt es die Missverständlichkeit mancher Äußerungen. Eine ironisch gemeinte Bemerkung kann ohne den entsprechenden Gesichtsausdruck, Tonfall und Kontext wie eine Beleidigung wirken, auf die impulsiv-reaktive Typen mit großem Ärger reagieren können.
- *Kontrolliert-reaktive Mobber* haben keine Schwierigkeiten mit ihrer Impulskontrolle, sondern planen häufig von langer Hand ihre Rache. Auch in diesem Fall kann das Internet verstärkend wirken, bleiben doch die Provokationen, die über dieses Medium stattfinden, meist lange abrufbar und so ein ständiger Quell großer Frustration. Soziale Anerkennung und das Gefühl von Macht sind die Triebfedern von kontrolliert-reaktivem Mobbing. Da über digitale Medien nur ein kleiner Ausschnitt der Gefühle gemobbter Personen sichtbar wird (wenn überhaupt), fehlt es an Reizen, die bei einer direkten Kommunikation zur Empathie anregen würden.
- *Impulsiv-aktive Täterinnen und Täter* agieren durch die vermeintliche Anonymität im Internet enthemmt und nutzen das große Publikum im Internet für sich, um sich positive Emotionen, wie z. B. Spaß, zu verschaffen.

In einer Studie zum Cyberbullying bei Schülerinnen und Schülern nannten die Befragten die in Tabelle 14 aufgelisteten Motive auf die Frage „Was waren deine Gründe, jemanden über das Internet oder per Handy zu mobben?“ (Sitzer et al., 2012).

Austragungsort Internet

Das Internet bietet Kindern, Jugendlichen und Erwachsenen neue Möglichkeiten, um andere bloßzustellen und zu verspotten. Gerade, weil viele Spielforen des Internets, wie beispielsweise Fotoplattformen, Eltern und Erziehungsberechtigten nicht bekannt und somit nicht zugänglich sind, bietet es sich als Austragungsort für Mobbing an. Forschungen zur Häu-

Tabelle 14: Motive der Täterinnen und Täter (vgl. Sitzer et al., 2012)

Gründe	Trifft eher nicht zu oder trifft nicht zu	Weder noch	Trifft eher zu oder trifft zu	Stichprobe (Anzahl der Antworten)
Ich war wütend auf die betroffene Person.	80 34.8 %	25 10.9 %	125 54.4 %	230
Die betroffene Person hat mich genervt.	68 29.8 %	26 11.4 %	134 58.8 %	228
Ich hatte Langeweile.	142 62.6 %	24 10.6 %	61 26.9 %	227
Ich habe das nur so zum Spaß gemacht.	131 57.7 %	33 14.5 %	63 27.8 %	227
Die betroffene Person war schwächer als ich.	156 68.7 %	36 15.9 %	35 15.4 %	227
Ich hasse die betroffene Person.	91 39.9 %	36 15.8 %	101 44.3 %	228
Ich habe es anderen nachgemacht.	182 79.5 %	26 11.4 %	21 9.2 %	229
Ich wollte mich an der betroffenen Person rächen.	105 46.7 %	29 12.9 %	91 40.4 %	225
Ich wollte die betroffene Person schlechtmachen.	139 60.7 %	35 15.3 %	55 24.0 %	229
Ich wollte die betroffene Person verletzen.	123 53.7 %	37 16.2 %	69 30.1 %	229
Ich wollte nur mal sehen, wie die betroffene Person reagiert.	139 61.0 %	27 11.8 %	62 27.2 %	228

ler Henry und Erik. Auf der Speicherkarte der Kamera befinden sich sowohl private Aufnahmen von Jakobs Familie als auch eine Liebeserklärung von Jacob an Hannah und eine Szene, in der er masturbiert. Henry erpresst Jakob mit den Filmaufnahmen und fordert fünfhundert Euro, ansonsten würde er die Szenen im Internet veröffentlichen. Nachdem Jakobs Vater, der Polizist ist, sich für die Wiederbeschaffung der Speicherkarte einsetzt, erhält Jakob die Speicherkarte zurück, stellt aber fest, dass Kopien der Liebeserklärung und der Masturbationsszene im Internet über ein soziales Netzwerk und via Handys durch zahlreiche Mitschülerinnen und Mitschüler verbreitet werden. Jakob und Hannah werden gemobbt, Jacob erhält zudem wüste Beschimpfungen. Hannah distanziert sich schließlich von Jakob und ihre Eltern drohen mit der Einschaltung der Polizei. Jakob versucht durch eine Schlägerei auf dem Schulhof, die Verbreitung der Clips zu verhindern, dabei verletzt er sich. Die Situation spitzt sich zunehmend zu, die Eltern von Jakob und die Schule erfahren nun auch von der Verbreitung der Clips im Internet. Bei einem Elternabend an der Schule wird über den Sachverhalt heftig diskutiert. Die Eltern setzen sich gemeinsam bei der Schule für Jacob ein, er wird aber vom Unterricht ausgeschlossen. Nachdem die Eltern aufeinander zugehen und Jacob an einer anderen Schule angemeldet wird, tritt äußerlich Entspannung in Jakobs Leben ein. Er scheint jedoch so stark traumatisiert zu sein, dass er schließlich mit der Pistole seines Vaters Suizid begeht.

Insgesamt wird die Schwere der vielfältigen Folgen über das Ausmaß, die Häufigkeit und Dauer des Cybermobbings sowie die Schutzfaktoren der Betroffenen bestimmt, wozu auch die Unterstützung durch das soziale Umfeld zählt (z. B. Dooley et al., 2012). Wie diese Unterstützung genauer aussehen kann, wird in Kapitel 3.2.2 ausgeführt.

Schule und Cybermobbing

Die Schule ist als Ort, an dem viele Kinder und Jugendliche täglich zusammenkommen, ein klassisches Spielfeld für Mobbing. Mit herkömmlichem Mobbing sind die Lehrkräfte zwar vertraut und sie konnten bereits Strategien zur Vorbeugung und zur Auflösung von Konflikten erarbeiten, der Bereich Cybermobbing entzieht sich jedoch häufig dem schulischen Aufsichtspersonal, auch wenn hier häufig in der Klasse begonnene Konflikte weitergeführt werden. Die Website www.saferinternet.at listet einige Strategien zur Prävention oder Bearbeitung von Cybermobbing auf, wobei an oberster Stelle die Etablierung einer konstruktiven Konfliktkultur steht.

Bei der Bewältigung von Mobbingsituationen nimmt die Lehrkraft eine zentrale Stellung ein. Es existiert eine Reihe von Leitfäden für den Umgang mit Mobbing im schulischen Umfeld (z. B. https://beamten-infoportal.de/wp-content/uploads/Mobbing-in-der-Schule-erkennen-und-handeln-Leitfaden-fuer-Lehrer.pdf). Dennoch passiert – in Einzelfällen aus bewusster Mobbingabsicht, häufiger jedoch aus Unwissenheit oder (unbewusster) Parteinahme für die Täterin oder den Täter –, dass Lehrkräfte sich immer wieder am Mobbing von Kindern beteiligen oder Kinder von sich aus ausschließen und bloßstellen. Die Erwachsenen, die eigentlich Vertrauenspersonen darstellen sollten, heizen so schwelende Konflikte im Klassenzimmer an, da sie den anderen Kindern signalisieren, dass abschätziges und spöttisches Verhalten gegenüber einer bestimmten Person nicht nur geduldet, sondern eventuell sogar erwünscht wird. Aus Angst vor Bestrafungen wie schlechten Noten oder Spott dauert es in vielen Fällen von Mobbing häufig lange, bis Kinder sich an ihre Eltern wenden.

Allerdings kann es auch zum Mobbing von Lehrkräften durch Kinder kommen: So berichtet jede sechste Lehrkraft, sich von Schülerinnen und Schülern schikaniert zu fühlen. Interessanterweise sind hier häufig die Eltern der Schülerinnen und Schüler maßgeblich beteiligt, wobei auch hier das Internet als Austragungsort dient (Hornby, 2016).

Fallbeispiel: Herr F.

Herr F. ist 48 Jahre alt und arbeitet als Lehrer. Er ist in seinem Beruf sehr erfahren. Seitdem er eine 9. Klasse übernommen hat, fühlt er sich jedoch alles andere als ein „alter Hase“. Regelmäßig sabotiert die gesamte Klasse den Unterricht und verspottet ihn wegen seiner auffällig großen Nase. Er war zum Teil mit den Nerven so am Ende, dass er durch die Klasse brüllte und einzelne Schülerinnen und Schüler rausschmiss. Daraufhin bildete sich eine Gruppe von Eltern, die auf seiner Facebook-Seite die Konflikte öffentlich machten und bearbeitete Fotos, die ihn lächerlich darstellten, in das soziale Netzwerk einspeisten. Als er sich an einen Kollegen wandte, meinte dieser, eventuell läge es ja daran, dass er sich vor zwei Jahren habe scheiden lassen und daher „nicht gut drauf sei“. Herr F. ist verzweifelt, denn so langsam glaubt er selbst, an der ganzen Situation schuld zu sein.

3.1.4.2 Cyberstalking

Eine weitere Form der Kriminalität im privaten Bereich stellt das Phänomen Stalking dar, mit dem das obsessive Verfolgen von Personen gepaart mit Belästigung und Bedrohung gemeint ist. Ausgangspunkt ist häufig eine narzisstische Bindungsfantasie (Hoffmann, 2006). Aktuelle Studien deuten darauf hin, dass dieses Problem auch in der Lebenswelt Jugendlicher eine Rolle spielt (Smith-Darden et al., 2016).

Die Bandbreite, in der sich diese Entwicklung äußert, geht von Eingriffen in die Privatsphäre bis zu direkten und versteckten Drohungen, und findet im Möglichkeitsbereich Internet neue Ausdrucksformen. Die Sonderform des Stalkings, Cyberstalking, bedeutet, es werden elektronische Kommunikationswege genutzt, um andere Menschen zu belästigen oder gar zu verfolgen (Füllgrabe, 2001). Insbesondere soziale Netzwerke, aus denen eine ungeheure Fülle an privaten Informationen wie Gewohnheiten, Vorlieben etc. hervorgeht, können Möglichkeiten des Stalkings für Täterinnen und Täter eröffnen. Im Jahr 2012 wurden laut Statista 24 592 Fälle, im Jahr 2017 18 483 Fälle und im Jahr 2022 21 436 Fälle von Stalking in Deutschland polizeilich erfasst. In Österreich werden jährlich etwa 25 000 Fälle gemeldet, die als Stalking bezeichnet werden. In dieser Zahl sind jene Stalkingfälle, die als Auftakt zu einem Kapitalverbrechen gezählt werden, nicht inkludiert (Schnepf, 2012). Fox und Tokunaga (2015) weisen darauf hin, dass das sogenannte „Facebook-Stalking" nach dem Auseinanderbrechen von Partnerschaften vorkommt und möglicherweise Leidensdruck auslöst.

Im Gegensatz zu Offline-Stalking sind mit Cyberstalking jene Stalking-Aktivitäten gemeint, die mittels technischer Kommunikationsmittel wie dem Handy oder dem Internet ausgeführt werden. Die Besonderheiten dieser Kommunikationsmittel ermöglichen es Stalkern, ihre Identität zu verschleiern und so weitgehend unerkannt agieren zu können. Beispiele für Cyberstalking sind:

- das Versenden bedrohlicher E-Mails,
- das Kaufen und Verkaufen von Artikeln im Internet unter dem Namen des Opfers,
- die Veröffentlichung von Homepages auf den Namen des Opfers,
- das Vortäuschen einer fremden Identität im Internet, um das Vertrauen des Opfers zu gewinnen und so an persönliche Daten zu kommen,
- das Aufgeben von Internet-Inseraten im Namen des Opfers oder mit Kontaktdaten des Opfers.

Kinder und Jugendliche sollten bereits früh damit vertraut gemacht werden, ihre Daten zu sichern und möglichst wenig Information über sich selbst im Internet frei zugänglich preiszugeben. Außerdem ist es in Belästigungsfällen von großem Wert, wenn Kindern und Jugendlichen mehrere Vertrauenspersonen zur Verfügung stehen, an die sie sich bei Sorgen und Unsicherheiten wenden können. Diese Sicherheit zu vermitteln liegt nicht nur in der Verantwortung der Familie, sondern ist auch ein wichtiger Teil der Arbeit als Lehrkraft.

Kindgerechte Websites zum Thema „Stalking“

- *Recht kinderleicht:* https://www.recht-kinderleicht.de/stalking
- *Internet-ABC:* https://www.internet-abc.de/eltern/lexikon/s/stalking

Fallbeispiel: Sebastian

Der 16-jährige Sebastian ist, nachdem er wiederholen muss, der älteste Schüler in seiner Klasse. Am ersten Tag löste sein Erscheinen große Aufregung bei seinen jüngeren Mitschülerinnen aus – der zuvor nur aus der Ferne bewunderte Junge war plötzlich in greifbarer Nähe! Besonders Julia konnte ihr Glück nicht fassen. Seit einiger Zeit erhält Sebastian nicht nur jeden Tag unzählige WhatsApp-Nachrichten von ihr, sondern sie kommentiert alle seine Facebook-Aktivitäten und Instagram-Fotos. Zu Beginn fand Sebastian das große Interesse schmeichelhaft. Inzwischen findet er es aber unheimlich, dass Julia überall auftaucht, wo er ein Bild veröffentlicht. Außerdem kennt das Mädchen sämtliche Details seiner Biografie, die das Internet hergibt. Neben Überraschungsbesuchen in seinem Zuhause ermöglichen diese Informationen Julia ungeahnte Möglichkeiten: Sebastians Freundin, die an einer anderen Schule ist, erhält merkwürdige Drohnachrichten von Fake-Profilen. Beide Jugendliche fühlen sich zunehmend belästigt und unter Druck gesetzt.

3.1.4.3 Digitale Medien und sexuelle Gewalt

Junge Nutzer digitaler Medien können auch Opfer sexueller Gewalt im Internet werden. Neben direkten Übergriffen in Chatrooms oder sozialen Plattformen wie Instagram oder Facebook, auf denen sich Kontakte anbahnen können, gehören zum Spektrum der rechtswidrigen Nutzung digitaler Medien auch die kommerzielle Erstellung und Distribution von Kinderpornografie, die Kommunikation gleichgesinnter Straftäterinnen und Straftäter mit dem Ziel des Austausches von kinderpornografischem Material und die sexuelle Viktimisierung auf Videoplattformen (Eichenberg & Auersperg, 2014).

Nach Katzer und Fetchenhauer (2007), die 1 700 Kinder und Jugendliche im Alter von 10 bis 19 Jahren zum Thema befragten, gaben fast 50 % der Mädchen und 25 % der Jungen an, dass sie gegen ihren Willen nach sexuellen Themen in Chatrooms befragt wurden. Rund 10 % der Mädchen und 5 % der Jungen führten an, dass sie zu sexuellen Handlungen vor der Webcam aufgefordert worden waren. Über 34 % der weiblichen Befragungsteilnehmer wurden schon einmal nach ihren sexuellen Erfahrungen gefragt und knapp 27 % erfuhren ungefragt etwas über die sexuellen Erfahrungen anderer.

Jungen sind offenbar seltener von sexueller Belästigung im Internet betroffen als Mädchen (z. B. Wolak et al., 2006). Die Gründe für diese geschlechtsspezifischen Unterschiede sind sicherlich vielseitig und müssen ihre Ursache nicht unbedingt in einer vermehrten Viktimisierung weiblicher Kinder und Jugendlicher haben, sondern können auch Ausdruck dessen sein, wie unterschiedlich die beiden Geschlechter verschiedene Informationen verwerten und interpretieren, bzw. in der sozialisationsbedingten unterschiedlichen Wahrnehmung der eigenen Person liegen, ein Opfer zu sein.

Bestimmte schwere Formen sexueller Gewalt in Chatrooms betreffen Jungen allerdings deutlich stärker als Mädchen (Katzer & Fetchenhauer, 2007). Auf die Frage, ob jemand dem an der Studie teilnehmenden Kind oder Jugendlichen gegen seinen Willen Fotos von nackten Personen geschickt hätte, antworteten 13 % der Jungen und 9.8 % der Mädchen mit „Ja, alle paar Monate" bis „mehr als 10 Mal im letzten Monat". Natürlich sind diese Zahlen alarmierend und werden in Populärmedien immer wieder aufgegriffen und reißerisch mit Fallbeispielen unterlegt, sie können aber ein wenig relativiert werden, wenn man Studien betrachtet, die sich intensiver mit kontextuellen Gegebenheiten eines solchen sexuellen Austausches beschäftigen. Beispielsweise zeigt eine Untersuchung von Wolak et al. (2006), dass ein großer Teil der im Internet stattfindenden Kommunikation mit sexuellem Inhalt zwischen Gleichaltrigen stattfindet (Eichenberg & Malberg, 2011). Die oben genannten Ergebnisse zu unerwünscht verschickten Nacktfotos könnten also auch als Beispiel für Sexting interpretiert werden – einer unter anderem durch Smartphones begünstigten Entwicklung unter Jugendlichen.

Sexting

Unter „Sexting" versteht man den Austausch sexueller Nachrichten und das Kreieren, Teilen und Weiterleiten von Bildern mit sexuellem Inhalt oder Bildern, die Nacktheit abbilden, über Handys und das Internet (Eichenberg & Auersperg, 2014). Rund 15 bis 40 % aller Jugendlichen praktizieren Sexting. Die Ergebnisse quantitativer Untersuchungen schwanken abhängig von der untersuchten Altersgruppe und dem Rahmen, in dem es konkret stattfindet (Ringrose et al., 2012).

Sexting kommt in unterschiedlichen Szenarien vor. Üblicherweise ist es (1) der exklusive Austausch erotischer Bilder zwischen Partnerinnen und Partnern, (2) der Austausch von Bildern zwischen Partnerinnen und Partnern, der auch Dritten gezeigt wird, oder (3) der Austausch findet zwischen zwei Personen statt, die sich in keiner Beziehung befinden, von denen aber zumindest eine der Personen auf die Entstehung einer Paarbeziehung hofft (Lenhart, 2009).

Gerade unter Kindern und Jugendlichen werden die Gefahren, die mit dem Verschicken intimer Fotos einhergehen können, unterschätzt. Auf diese Weise werden Abbildungen Minderjähriger, die eigentlich für den privaten Gebrauch gedacht waren, häufig erst an Mitglieder der Peergroup verschickt, dann werden sie ins Netz gestellt und damit sind sie für alle Internetnutzerinnen und -nutzer, die Interesse an Bildern mit solchem Inhalt haben, zugänglich. Daraus können sexuelle Belästigungen und Mobbing entstehen. Motive für Sexting sind nicht nur sexueller Natur, sondern es können auch Aspekte wie Zugehörigkeitsgefühl, das Empfinden der eigenen Attraktivität und der Druck, einem bestimmten Körperbild zu entsprechen, eine wichtige Rolle spielen (Ringrose et al., 2012). Soziale Konformitätszwänge, die von der Peergroup vorgegeben werden, aber auch bestimmte Machtkonstellationen bringen Kinder und Jugendliche – auch möglicherweise unter Anwendung offener oder subtilerer Formen von Gewalt – dazu, erotische Bilder von sich zu teilen, selbst wenn sie sich damit unwohl fühlen (Eichenberg & Auersperg, 2014).

ternet Kinder und Jugendliche ansprechen, um eine Vertrauensbasis herzustellen, die zu einem Treffen führen soll (Eichenberg & Malberg, 2011). Den Opfern wird meist vorgegaukelt, dass sie es mit Gleichaltrigen zu tun haben. Durch verschiedene sozialpsychologische Mechanismen, die das schnellere Teilen intimer Informationen im Internet begünstigen, ist es möglich, Details über Interessen, sexuelle Erfahrungen, Gewohnheiten oder auch den Wohnort des betroffenen Kindes herauszufinden (Eichenberg & Auersperg, 2014). Das Risiko sexueller Übergriffe wird im Zusammenhang mit dem Phänomen Grooming als sehr hoch eingeschätzt, da 50 % aller Befragten in einer Studie angaben, sich mit jemandem getroffen zu haben, den sie nur aus dem Chatroom kannten (Katzer & Fetchenhauer, 2007).

Fallbeispiel: Simon

Simon unterhält sich bereits seit einigen Wochen mit dem vermutlich gleichaltrigen Max, der sein Interesse für Modellbauflugzeuge teilt. Sie haben eine Menge Spaß und beschließen, sich nach der Schule zu treffen. Simon erzählt seinen Eltern nichts davon, schließlich möchte er nur zusammen mit seinem neuen Freund einen Burger bei McDonalds essen und danach nach Hause gehen. Es ist nicht ungewöhnlich, dass er nach der Schule noch ein wenig Zeit mit seinen Freunden verbringt. Außerdem machen sich seine Eltern schon bei den kleinsten Neuigkeiten Sorgen und gehen ihm damit auf die Nerven. Simon ist sehr überrascht, als Max, ein Mann, der sicher mindestens so alt ist, wie sein Vater, vor ihm steht!

Mutproben

Kinder und Jugendliche werden im Zuge ihrer Internetnutzung fast zwangsläufig gewollt oder ungewollt mit pornografischen Inhalten konfrontiert. Daher verwundert es nicht, dass diese immer alltäglicher werdende Begegnung inzwischen auch in das klassische Konzept der Mutprobe aufgenommen wurde. Websites mit pornografischen Inhalten, die zum Teil extreme Formen von Gewalt oder bizarre Bilder und Praktiken beinhalten, werden als Teil einer Mutprobe aufgerufen (Schmid & Matthiesen, 2011). Natürlich kann dieses Verhalten einfach nur zur gemeinsamen Belustigung oder zur kollektiven Überwindung von Angst und Scham dienen, jedoch können jugendliche Konsumentinnen und

Konsumenten oder auch Kinder und Jugendliche, die zu einer Mutprobe überredet bzw. gezwungen werden, solche Bilder häufig nicht einordnen und reagieren verstört.

Fallbeispiel: Thomas

Thomas (12 Jahre) hat nach einem Schulwechsel Schwierigkeiten, Freundinnen und Freunde zu finden. Als Niki und Klaus ihn am Nachmittag nach Hause einladen, ist er überglücklich. Zu Hause angekommen wollen ihn Niki und Klaus zwingen, im Internet ein Pornovideo anzusehen. Erst weigert sich Thomas, aber als die anderen meinen, nur, wenn er sich das Video ansieht, gehört er auch zu ihnen, gibt er sich einen Ruck. Das Video zeigt, wie eine Frau geschlagen und vergewaltigt wird. Thomas kommt völlig verstört nach Hause, traut sich aber nicht, mit seinen Eltern über den Vorfall zu sprechen. Die Mutter drängt Thomas nicht, doch fragt sie immer wieder nach, was ihn belaste. Am nächsten Abend bricht Thomas weinend beim Zubettgehen in sich zusammen und vertraut sich seiner Mutter an.

Online-Challenges

Eine besondere Form der Mutprobe können Online-Challenges im Internet darstellen. Sie haben in den letzten Jahren an Popularität gewonnen und sind auf sämtlichen Social-Media Plattformen wie TikTok, Pinterest oder Instagram vertreten. Diese Challenges schlagen häufig harmlose Aktivitäten zur Unterhaltung vor, können jedoch auch gefährliches und unpassendes Verhalten fördern. Gefährdende Challenges machen in kurzen Abständen in den Medien Furore und beunruhigen Eltern und andere Erziehungsberechtigte. Um die Medienkompetenz von Kindern und Jugendlichen erfolgreich unterstützen zu können und selbst medienkompetent zu bleiben, ist es notwendig, das Phänomen der Challenge umfassender zu betrachten und auch positive Aspekte davon zu berücksichtigen. Um die Effekte solcher Spiele verstehen zu können und angemessene Präventionsstrategien zu entwickeln, muss ein offenes Gesprächsklima bewahrt werden, das die Thematisierung von Challenges erlaubt. Ein interessanter Gesprächseinstieg sind sicherlich die vielen unterhaltsamen und kreativen Aufgaben wie Tanz-TikToks, die viele Menschen auf der ganzen Welt miteinander verbinden können, häufig positive Botschaften beinhalten und Bewegung, Kreativität und Persönlichkeitsentfaltung unterstützen könnten. Auch nützliche Hacks, also Tricks, die z.B. in Koch- oder Einrichtungs-Challenges geteilt werden, könnten eine Ausformung der Challenge sein, die sich als Boden für die Interaktion zwischen Erwachsenen und Kindern eignet. Im Bereich der sogenannten „Hacks" werden allerdings gerade auch über TikTok vermeintliche Gesundheitshacks geteilt, die häufig ungesicherte, von traditionellen Ansätzen höchstens inspirierte Heilungsmethoden verbreiten und im besten Fall wirkungslos, im ungünstigsten Fall ausgesprochen gefährlich sein können. Um Kinder und Jugendliche dabei zu unterstützen, Challenges einordnen zu können und verantwortungsvoll mit diesem sich ständig ändernden Angebot im Internet umzugehen, kann es sinnvoll sein, bereits vergangene Challenge-Trends kritisch zu diskutieren und an ihrem Beispiel deutlich zu machen, wie unklug, schädigend und unsinnig viele von ihnen sind. Werden dabei auch interessante Aspekte von spannenden Challenges thematisiert, könnte das dabei helfen, ein offenes Gesprächsklima zu bewahren und sich nicht von Anfang an gegen diese Aktivitäten zu positionieren. Kontrollen und Einschränkungen sind gerade im Bereich viraler Challenges sehr schwer zu formulieren und zu installieren, weil sich die entsprechenden Codes und Hashtags ständig verändern. Die Plattformen selbst versuchen zwar, gefährdende Trends zu moderieren und einzuschränken, das ist aber ein vergleichsweise schwerfälliger Prozess.

Fallbeispiel: Die Deo-Challenge

2023 erschütterten Berichte über die sogenannte „Deo-Challenge" Mitteleuropa: Mehrere Jugendliche hatten gefährliche Verletzungen dabei erlitten, sich möglichst lange Deo-Spray auf die eigene Haut zu sprühen. Die Chemikalien reizen Haut und Atemwege und es kann zu schweren Verbrennungen kommen. Besonders tragisch: Ein 15-jähriger Deutscher und eine 17-jährige Deutsche kamen ums Leben, als sie sich an der Challenge versuchten und dabei Butangas, das in Deos enthalten ist, inhalierten. Dies ist nur eine von zahlreichen gefährlichen Challenges, die insbesondere über die Plattform TikTok verbreitet wurden und verbreitet werden.

Schlepperdienste

Eine weitere Gefahr für Kinder und Jugendliche stellen Aufforderungen von Mädchen und Jungen zu Schlepperdiensten dar. Jugendliche Internetnutzerinnen und -nutzer werden z. B. mit Geldangeboten dazu gebracht, andere Kinder zu sexuellen Handlungen mit der Täterin oder dem Täter oder auch vor der Webcam zu überreden (Eichenberg & Auersperg, 2014).

Fallbeispiel: Miriam

Miriam lernt im Chat eines Jugendportals Axel kennen. Axel sagt, er hätte sie auf einem Foto mit ihrer kleinen Schwester gesehen, und sich Hals über Kopf in diese verliebt. Wenn Miriam ihm Susi vorstellen würde, und sie dazu bringen könnte, Fotos von sich in Unterwäsche zu schicken, würde er ihr 100 Euro geben. Miriam denkt genau darüber nach und entscheidet sich, die beiden einander vorzustellen und Susi dazu zu bringen, die Fotos zu schicken! Schließlich ist dies nichts anderes, als wenn Axel ihre Schwester beim Schwimmen im Badeanzug getroffen hätte!

Erstellung und Verbreitung von Kinderpornografie über das Internet

Entgegen früherer Annahmen (z. B. Katzer, 2009) geht man heute davon aus, dass nicht das Internet den Hauptverbreitungsweg für Kinderpornografie darstellt, sondern neue Inhalte eher über geschlossene Benutzergruppen verteilt werden. Die Betreiberinnen und Betreiber kommerzieller Seiten im Internet sind in der Regel nicht an der Produktion des Materials beteiligt. Im Internet sind hauptsächlich ältere Bilder im Umlauf, die erst, nachdem sie durch andere Vertriebskanäle wie Tauschbörsen gegangen sind, im Internet verbreitet werden. Die Zahl der aktiven kommerziellen Seiten ist deutlich zurückgegangen und war offenbar von Anfang an geringer als angenommen.

Diese Erkenntnisse des Annual Reports der FRA European Union Agency for Fundamental Rights (2012) weisen auf die dringende Notwendigkeit hin, nach neuen Mitteln im Kampf gegen Kinderpornografie zu suchen, die nicht nur das Internet als Umschlagplatz im Visier haben. Das Internet an sich erzeugt keine pädophilen Aktivitäten, eignet sich aber durch seine Eigenschaften als optimale Plattform für Peer-to-Peer-Tauschbörsen, Newsgroups oder auch private Mails mit entsprechenden Inhalten (Eichenberg & Malberg, 2011). Untersuchungen, die sich eingehend mit dem kursierenden Bildmaterial beschäftigen, weisen darauf hin, dass etwa 88 % der hochgeladenen Bilder und Videos Kopien von Material sind, die einmal im Internet aufgetaucht sind. Diese Ergebnisse können nochmals verdeutlichen, wie wichtig es ist, das Bewusstsein hinsichtlich der Beständigkeit einmal im Internet geteilter Inhalte zu stärken, und gerade jugendliche Internetnutzerinnen und -nutzer davor zu warnen, erotische Bilder zu teilen (Smith, 2012). Um den Informationsstand zu verbessern und andere Maßnahmen zur Bekämpfung von Kinderpornografie im Internet zu entwickeln, wurden verschiedene Organisationen gegründet. Eine davon nennt sich White IT und besteht aus einem Konglomerat verschiedener Wissenschaften, das sich zum Ziel gesetzt hat, Rahmenbedingungen, Grenzen und Möglichkeiten rund um das Thema Kinderpornografie zu untersuchen und so bestmöglich Prävention zu betreiben. Um bereits kleinere Kinder auf den richtigen Umgang mit dem Medium Internet vorzubereiten, wurden von White IT Pixie-Bücher entwickelt, in denen das Thema kindsgerecht aufgearbeitet wird (https://whiteit.com).

Konfrontation mit pornografischen Produkten, z. B. über sexualbezogene Spam-Mails

Sowohl Kinder und Jugendliche als auch Erwachsene werden, auch wenn sie durch ausgeklügelte Spamfilter geschützt sind, mit pornografischen Produkten im Internet konfrontiert. Dies kann über E-Mails, über Werbung, die an aufgerufene Websites gekoppelt ist, oder auch über Videoportale stattfinden, auf denen sich statt dem aufgerufenen Video eines mit pornografischem Inhalt öffnet. Mobiltelefone sind durch mit dem Internet verbundene Dienste wie WhatsApp ebenfalls betroffen. Welche Inhalte transportiert werden, ist sehr unterschiedlich und reicht von Werbemaßnahmen für Penisvergrößerungen bis zu Mitschnitten aus Umkleidekabinen und Webcams, die ohne das Wissen der gezeigten Person aufgenommen wurden. Auch gewalttätige Inhalte werden verbreitet[11].

Fallbeispiel: Denise

Denise (11 Jahre) liebt es, sich im Internet Videos anzusehen. In ihrem Interessensmittelpunkt stehen im Moment besonders Videos von Tierbabys, die sie mit ihren Freundinnen über Facebook teilt. Kürzlich hat sich auf ihrer Suche nach dem neuesten Katzenfilm ein Fenster geöffnet und ein Kurzfilm über Zoophilie wurde ohne ihr

11 Quelle: https://www.diepresse.com/709026/facebook-spam-welle-mit-pornografie-und-gewalt

Zutun gestartet. Denise kann die gesehenen Inhalte nicht einordnen, hat aber das Gefühl, etwas Verbotenes gesehen zu haben. Deshalb spricht sie nicht mit ihren Eltern darüber, auch wenn sie das Gesehene sehr beschäftigt.

Auswirkungen des Konsums von Internetpornografie auf die sexuelle Entwicklung von Jugendlichen

Das Internet ermöglicht Kindern und Jugendlichen einen einfachen Zugang zu pornografischem Material. Dies löst regelmäßig einen lebhaften Diskurs im Hinblick darauf aus, welche Auswirkungen Pornografie auf die sexuelle Entwicklung von Jugendlichen hat. Laut einer Studie mit 563 Befragten haben 93 % der männlichen und 63 % der weiblichen Jugendlichen im Laufe ihrer Pubertät Kontakt mit pornografischen Inhalten im Internet (Sabina et al., 2008). Insgesamt ist der Kontakt mit Internetpornografie also eine Erfahrung, die relativ viele Jugendliche machen, was die ausführliche Auseinandersetzung mit den Folgen für junge Menschen besonders wichtig macht. Untersuchungsergebnisse können dahingehend interpretiert werden, dass erhöhter Pornografiekonsum mit sexuell freizügigeren Einstellungen und Verhaltensweisen, möglicherweise auch mit geringerer sexueller sowie allgemeiner Lebenszufriedenheit, zusammenhängt und mit bestimmten Persönlichkeitseigenschaften wie *sensation seeking* oder problematischem Alkoholkonsum korreliert (ausführlich siehe Hill, 2011). Hill (2011) spricht an, dass der Konsum von Pornografie möglicherweise individuelle sexuelle Skripte und Verhaltensweisen beeinflusst. Dramatisierende Annahmen, wie die Verrohung und Verwahrlosung von jugendlichen Konsumenten von pornografischen Inhalten, sind dagegen wissenschaftlich nicht fundiert (Eichenberg & Auersperg, 2014). Die Frage, ob ein Zusammenhang zwischen erhöhter sexueller Gewaltbereitschaft und dem Konsum von Pornografie besteht, ist aus der Sicht verschiedener Disziplinen (Psychologie, Medizin, Pädagogik, Rechts- und Medienwissenschaften u. a.) von großem Interesse und wird intensiv untersucht. Einige Studien weisen auf einen Zusammenhang zwischen häufigem Pornografiekonsum und sexuell aggressivem Verhalten hin (z. B. Malamuth et al. 2000; Oddone-Paolucci et al., 2000). Diese Befunde werden jedoch von Briken et al. (2006) dahingehend differenziert, dass Personen, die ohnehin ein hohes Risiko für sexuelle Gewalt in sich tragen, einerseits ein höheres Interesse an gewalttätiger Pornografie haben und andererseits durch eine ebensolche Darstellung stärker negativ beeinflusst werden.

Neben den befürchteten Gefahren lassen sich auch positive Aspekte von Internet-Pornografie für Heranwachsende herausarbeiten. Das Internet dient im Zusammenhang mit Sexualität zum Informationsaustausch, zum Meinungsaustausch und wird zu selbstedukativen Aktivitäten genutzt, wie in diesem Buch bereits beschrieben wurde (Eichenberg & Malberg, 2011). Dieser Informationsaustausch betrifft unter anderem die Aufklärung über Schwangerschaftsverhütung, sexuell übertragbare Krankheiten und Safer-Sex sowie über sexuelle Störungen (Briken et al., 2006). Die anonyme Recherche zu sensiblen Themen wie sexuellen Störungen kann Jugendlichen einen subjektiv sicheren Rahmen bieten, um sich zu informieren, ohne damit verbundene soziale Ängste in Kauf nehmen zu müssen. Durch die Anonymität und die Körperlosigkeit des Internets spielen sich sexuelle Begegnungen und der Kontakt mit Pornografie in einem Handlungsraum ab, in dem physische, psychische und soziale Risiken reduziert sind (Eichenberg & Blokus, 2010). Über das Internet konsumierte Pornografie bietet Jugendlichen die Möglichkeit, sich zu informieren und erste Erfahrungen zu sammeln, aber sich dennoch nicht in ihrer gesamten Verwundbarkeit preiszugeben, was den Umgang mit in dem Alter typischen Unsicherheitsfaktoren erleichtern und entkrampfen kann. Zudem besteht die Möglichkeit über Formen der Online-Sexualität sexuelle Selbstexploration in einem subjektiv sicheren Rahmen zu betreiben, was offline durch die Furcht vor sozialer und normativer Stigmatisierung nicht in demselben Ausmaß möglich ist.

Folgen sexueller Gewalt im Internet

Die Folgen sexueller Gewalt im Internet sind aus mehreren Perspektiven relevant. Natürlich stehen konkrete unerwünschte Kontaktaufnahmen im Mittelpunkt der Sorge vieler Eltern. Aus psychologischer Sicht ergeben sich aber auch für Fälle, in denen es zu keinem direkten Austausch kommt, zumindest zwei folgenschwere Felder, die besonders beobachtet werden müssen: psychotraumatische und entwicklungspsychologische Folgen.

Besonders für jüngere Opfer kann das Erleben sexueller Gewalt im Internet eine nochmals ausgeprägtere und dauerhafte emotionale Belastung darstellen (Katzer, 2011). Dabei ging die Forschung der Frage nach, ob virtuelle Missbrauchserfahrungen zu ähnlich starken psychischen Belastungen führen wie „real" erlebter Missbrauch. Eichenberg und Huss (2023) untersuchten dies für Erfahrungen im Zusammenhang mit dem Cyberdating. Zu Missbrauchserfahrungen in diesem Kontext zählen z. B. belästigende Nachrichten, Drohungen, Erhalten unerwünschter Fotos bzw. Videos mit sexuellem Inhalt, Forderungen nach sexuellen Fotos bzw. Videos (d.h. nichteinvernehmliches Sexting), Täuschung durch ein falsches Profil (sog. Love-Scamming) sowie das Ghosting (also das abrupte Verschwinden des Kommunikationspartners). In einer Online-Umfrage mit 200 Studierenden untersuchten Eichenberg und Huss (2023), wie oft die Befragten Missbrauch im Zusammenhang mit Cyberdating erlebten. Es zeigte sich, dass die häufigsten Missbrauchsereignisse folgende waren: Belästigung, unerwünschte sexuelle Nachrichten, Ghosting und ein gefälschtes Profil. Eher seltene Missbrauchsereignisse waren das Teilen eigener sexueller Fotos, Vertrauensmissbrauch, um Sex zu erschleichen, das Teilen von Geheimnissen, das Teilen persönlicher Informationen und die Nötigung zu Cybersex. 18.8 % der befragten Studierenden, die den Cyberdating-Missbrauch als belastend beurteilt haben, entwickelten eine posttraumatische Symptomatik. Diese hohe Prävalenz deutet darauf hin, dass Missbrauch nicht nur im realen, sondern auch im digitalen Leben (Onlinedating) ein ernstes Problem darstellt.

Die emotionale Belastung kann die Bewältigung phasenspezifischer, also z. B. alterstypischer Entwicklungsaufgaben behindern (Eichenberg et al., 2011). Auf biologischer Ebene ist in diesem Alter das Akzeptieren des eigenen Körpers ein wichtiges Thema, und die Auseinandersetzung damit könnte durch die erotisch-pornografische Konfrontation mit „Idealkörpern" erschwert werden. Auch die Übernahme neuer sozialer Rollen bzw., sich in ihnen einzufinden, steht in der Entwicklung Jugendlicher im Vordergrund. Die Identifikation mit Geschlechterrollen ist in diesem Prozess besonders zentral. Sehr einseitig ausgerichtete Foren können unter Umständen emotional verwirren und pornografisches und gewalthaltiges Material entwicklungsbeeinträchtigend oder gar jugendgefährdend sein. Eine weitere entwicklungspsychologische Aufgabe im Jugendalter ist der Erwerb neuer und reiferer Beziehungen zu Peers beiderlei Geschlechts. Das Internet eröffnet hier einen Raum zum vergleichsweise sicheren Experimentieren und kann verstören, wenn das Gegenüber sich zum einen nicht als Gleichaltriger entpuppt bzw. auch noch übergriffig ist. Zentral ist, dass Eltern mit ihrem Kind im Dialog darüber sind, was diese im Internet sehen. Dies wird im Bereich sexueller Internetinhalte enorm erleichtert, wenn in der Familie ein offenes Sprechen über Sexualität kultiviert wird.

Hilfe für Täterinnen und Täter

Täterinnen und Tätern zu helfen bedeutet, aktiv Opferschutz zu betreiben. Dabei unterscheidet sich die Arbeit mit jugendlichen von der mit erwachsenen Täterinnen und Tätern. Als Beispiel für ein Behandlungsprogramm, das sich an Jugendliche wendet, die sexuelle Gewalt ausgeübt haben, sei das des Vereins LIMES (https://www.vereinlimes.at) angeführt. Bei diesem Programm werden – wie in der therapeutischen Arbeit mit Kindern und Jugendlichen insgesamt – auch die Bezugspersonen mit einbezogen. Gerade für sogenannte Dunkelfeldtäterinnen und -täter, d.h. solche, die von der Justiz noch nicht erfasst wurden, bietet sich eine niederschwellige Hilfe via Internet an. Anonym und ohne Angst vor extremer sozialer Stigmatisierung und juristischen Konsequenzen können Täterinnen und Täter das Internet zur Inanspruchnahme von Hilfsangeboten nutzen. Dabei ist die Verzahnung von Online- mit Offline-Hilfsangeboten wünschenswert. Beispielhaft ist hier das bereits seit vielen Jahren bestehende Programm der Charité in Berlin „Kein Täter werden“ (https://www.kein-taeter-werden.de) zu nennen, welches Dunkelfeldtäterinnen und -täter über verschiedene mediale Kanäle anspricht, Schweigepflicht zusichert und Therapie an verschiedenen Standorten in Deutschland anbietet.

3.1.5 Jugendgefährdende Inhalte – Beispiel Politischer Extremismus

Digitale Medien werden häufig zu politischen Zwecken missbraucht. Soziale Netzwerke und Videoplattformen werden von Rechtsextremen genutzt, um ihre Gesinnung öffentlich zu machen und sich zu organisieren. Das Internet bietet aber auch eine Vielzahl an Angeboten, die Themengebiete wie Rechtsextremismus und Rassismus kindgerecht erklären und beiden Phänomenen mit dieser Aufklärung entgegenwirken (vgl. Kasten).

Beispiele für die kindgerechte Online-Aufbereitung des Themas Rechtsextremismus

- *Kindersache:* https://www.kindersache.de/bereiche/wissen/politik/rechtsextremismus-was-steckt-dahinter
- *Hanisauland:* https://www.hanisauland.de/wissen/lexikon/grosses-lexikon/r/rechtsextremismus.html
- *ZDFtivi, logo Nachrichten:* https://www.zdf.de/kinder/logo/rechtsextremismus-einfach-erklaert-100.html

Jugendliche finden im Internet niederschwellig Zugang zur rechtsextremen Szene, die das Internet bewusst als Propagandawerkzeug einsetzt. Der Vertrieb von Kleidung mit rassistischen Botschaften, von Literatur, die die NS-Zeit und -Ideologie verherrlicht, aber auch die Verbreitung rechtsextremer Inhalte über Musik werden durch das Internet ermöglicht. Die internationale Vernetzung von Interessierten trägt zu der bewusst inszenierten scheinbaren Modernität und Jugendlichkeit der Szene bei.

Um die Verbreitung rechtsextremer Inhalte über das Internet zu unterbinden, muss multidimensional gearbeitet werden. Zum einen sollten entsprechende Plattformen und Internetangebote streng sanktioniert werden. Zum anderen ist es unbedingt notwendig, Jugendliche für diesen Themenbereich zu sensibilisieren, sie über das Thema aufzuklären und ihnen die Propagandatechniken politischer Extrempositionen zu erklären. Das Internet kann, wie die zuvor angeführten Beispiellinks zeigen, genutzt werden, um die kritische Auseinandersetzung mit politischen Themen medienpädagogisch zu fördern. Im Internet Zivilcourage zu zeigen und auf Hasspostings zu reagieren, sind mögliche Verhaltensweisen, die ebenfalls sowohl in der Schule als auch im Elternhaus thematisiert werden sollten. Stoßen Jugendliche auf entsprechendes Material im Internet, gibt es entsprechende Meldestellen (z. B. https://www.jugendschutz.net, https://www.fsm.de), die kontaktiert werden können.

3.2 Interventionsmöglichkeiten bei Online-Sucht und Cybermobbing

Im Folgenden sollen vor allem für das Problem der Online-Sucht, aber auch für das Problem des Cybermobbings therapeutische Behandlungsoptionen sowie Interventionsmöglichkeiten kurz umrissen werden. Wichtig ist bei allen psychischen Problemen, die im Kindes- und Jugendalter auftreten, dass die Bezugspersonen in die Therapie miteinbezogen werden. Erziehungsberechtige müssen nicht die Aufgabe bewältigen, ihre Kinder beispielsweise von exzessivem Internetnutzungsweisen zu kurieren, wohl sollten sie aber erkennen, wann beraterische oder therapeutische Hilfe notwendig ist, und diese dann einleiten. Dazu gehört es auch, Fachpersonen ausfindig zu machen und diese gemeinsam mit dem Kind aufzusuchen. Denn meist sind Angehörige oder auch Freundinnen und Freunde die ersten, die bei Betroffenen den schädlichen Umgang mit dem Internet erkennen.

3.2.1 Therapeutische Aspekte im Umgang mit Online-Sucht

Die Begriffe „Internetsucht“, „Computersucht“ oder „Computerspielsucht“ werden in den Medien inflationär verwendet. Die begriffliche Unschärfe und Überschneidungen zu anderen Krankheitsbildern machen es schwer, die Kennzeichen einer „Abhängigkeit“ in Bezug auf digitale Medien klar zu beschreiben. Eine Diagnose kann letztlich nur eine Expertin oder ein Experte aus dem Bereich der Kinder- und Jugendpsychiatrie oder der Kinder- und Jugendlichenpsychotherapie stellen. Allerdings existieren einige Checklisten, die Betroffenen wie Angehörigen erste Hinweise darauf liefern, ob eine problematische Internetnutzung vorliegen könnte (vgl. auch die „Checkliste – Merkmale der Online-Spielsucht“ im Anhang auf Seite 187). Wichtig ist, dass unter dem Begriff der „Internetsucht“ zahlreiche Aktivitäten zusammengefasst werden (vgl. Kapitel 3.1.1), die vom Konsum von Internetpornografie bis zur Online-Recherche reichen können – sie alle haben den exzessiven Nutzungscharakter gemein. Der pauschale Krankheitsbegriff „Internetabhängigkeit“ ist daher problematisch (Rehbein, 2014).

Von Ihrer Krankenkasse können Sie Auskunft über Kinder- und Jugendlichenpsychotherapeutinnen und -psychotherapeuten vor Ort erhalten, an die Sie sich wenden können, wenn Sie befürchten, dass bei Ihrem Kind ein problematisches Internetnutzungsverhalten vorliegt. Sollte Ihr Kind nicht dazu bereit sein, zu einem solchen Termin mitzukommen, kann zunächst natürlich auch ein Gespräch nur zwischen den Eltern und der Therapeutin bzw. dem Therapeuten vereinbart werden. Insgesamt spielt gerade bei jungen Patientinnen und Patienten die Mitarbeit der Eltern und ggf. weiterer Bezugspersonen eine herausragende Rolle. Dies ist zum einen der Fall, weil familiäre Situationen auch durch die exzessive Internetnutzung von Sorgen, Misstrauen sowie Konflikten bis hin zu gewalttätigen Auseinandersetzungen aufgrund des schädlichen Mediengebrauchs geprägt sind (Wölfling et al., 2013). Zum anderen sind Angehörige oft selbst belastet, frustriert und auch ausgebrannt aufgrund ihres Versuchs, das Problem der Internetsucht des betroffenen Kindes zu lösen.

Als weiterer Grund kommt hinzu, dass eben auch familiäre Belastungen zur Entstehung der Internetsucht beitragen können (vgl. Kapitel 3.1.1) und daher nicht nur der Betroffene, sondern eben auch sein nächstes Umfeld in die Behandlung eingezogen werden sollte. So fokussieren familientherapeutische Ansätze zur Behandlung und Rückfallprophylaxe bei Computerspiel- und Internetsucht nicht nur auf die Aufklärung der Eltern bzw. Bezugspersonen über Ursachen, Entstehung, Verlauf und Behandlung dieser Störung und das Leisten von Hilfestellungen bei der Erarbeitung eines *angemessenen* Internetgebrauchs (langfristige Abstinenz wird und kann nie das Therapieziel sein, da Computer heute aus dem privaten und v.a. auch beruflichen Leben nicht mehr wegzudenken sind). Familientherapeutische Ansätze zielen auch auf eine Verbesserung der Kommunikations- und Konfliktlösefertigkeiten ab. Dabei achtet die Therapeutin bzw. der Therapeut darauf, die gesamte Familie von gegenseitigen Schuldzuweisungen zu entlasten und vielmehr den Blick auf die gemeinsame Entwicklung einer für alle zufriedenstellenden Lebenssituation zu richten. Zudem ist am Ende der Therapie wichtig, dass die Betroffenen und ihre Angehörigen eine Vertrauensbasis dahingehend haben, dass gemeinsam an der Aufrechterhaltung einer ausgewogenen Internetnutzung gearbeitet wird. So können Therapeutinnen und Therapeuten beispielsweise anregen, dass sich die Familie darauf einigen soll, wo in der Wohnung in Zukunft der Computer aufgestellt wird. Weiterhin kann gemeinsam erarbeitet werden, wie mit Risikosituationen, die einen Rückfall des betroffenen Kindes begünstigen könnten, umgegangen werden soll.

In Anlehnung an integrative Erklärungsansätze für die Abhängigkeit von stoffgebundenen Substanzen wie Alkohol und Drogen, werden auch für die Internet- und Computerspielsucht komplexe Modelle der Verursachung angenommen (vgl. Kapitel 3.1.1). Dementsprechend sind auch die Behandlungskonzepte meist so angelegt, dass sie verschiedene Interventionen berücksichtigen. Im Folgenden wird exemplarisch auf ein Konzept zur Behandlung der Computerspielsucht eingegangen.

Exemplarisches Behandlungskonzept

Wölfling et al. (2013) legen ein erstes Behandlungsmanual zur Verhaltenstherapie der Computerspielsucht vor, das sich an Jugendliche ab 17 Jahren richtet. Das Programm umfasst 15 Gruppen- und 8 Einzeltherapiesitzungen. Die einzeltherapeutischen Sitzungen dienen der Vertiefung der Gruppensitzungen, sind aber grundsätzlich offen gestaltet. Die verhaltenstherapeutisch orientierten Therapiebausteine des Gruppenprogramms umfassen

- den Motivationsaufbau, um die Computerspielsucht zu beenden,
- die Psychoedukation (d.h. Informationsvermittlung über das Wesen der Erkrankung),
- die Erarbeitung eines sogenannten funktionalen Bedingungsmodells (z.B. auslösende Situationen für exzessive Spielsituationen),
- Strategien im Umgang mit Verlangen,
- den Aufbau alternativer Aktivitäten,
- die Verbesserung des Selbstwerts und der sozialen Kompetenz sowie
- die Rückfallprophylaxe (Was ist zu tun, wenn ich wieder in exzessives Spielen zurück verfalle?).

Das Programm stellt dabei einen Bezug zum biografischen Hintergrund der Betroffenen her, fördert die Erarbeitung von Problemlösestrategien und arbeitet mit Expositionsübungen (d.h., die Patientinnen und Patienten werden dem suchtauslösenden Reiz ausgesetzt – hier mithilfe von Screenshots des Computerspiels – und trainieren, dem Verlangen, es zu spielen, nicht nachzukommen, d.h., die Erfahrung zu machen, dass der Zustand des unwiderstehlichen Verlangens nachlässt).

3.2.2 Interventionsmöglichkeiten bei Cybermobbing

Trotz des hohen Aufkommens von Cybermobbing und den damit verbundenen oft dramatischen Folgen wurde noch keine allgemein anerkannte Lösungsstrategie formuliert, um Opfern und Täterinnen und Tätern gleichermaßen zu helfen. Bisher werden einige Empfehlungen angeboten, deren Nutzen aber noch kaum empirisch überprüft wurde. Diese Handlungsvorschläge sollen sowohl der Prävention als auch der Bewältigung dienen (Pieschl & Porsch, 2014).

Studien deuten darauf hin, dass soziale und emotionale Unterstützung vor den Folgen von Cybermobbing schützen oder sie zumindest abfedern kann (Machmutow et al., 2012). Leider verheimlichen Opfer von Mobbing sehr häufig, womit sie zu kämpfen haben (z. B. Wachs & Wolf, 2011), weshalb sie vermutlich nicht die emotionale Zuwendung erhalten, nach der die Situation eigentlich verlangen würde. Gründe für das Verheimlichen können Scham, aber auch die Angst vor Restriktionen wie ein Internetverbot durch die Eltern sein (Pieschl & Porsch, 2014). In einer Befragung von Jugendlichen konnten von den potenziell Betroffenen selbst als wirksam eingestufte Strategien herausgefunden werden: Demnach würden die meisten Befragten Nachrichten und Kontakte blockieren, Eltern und Lehrkräfte in Kenntnis setzen, den Internetprovider kontaktieren, die Täterinnen und Täter bitten aufzuhören oder selbst zurückmobben (Smith et al., 2008). Von Experten werden mehrgleisige Präventionsmaßnahmen empfohlen: Neben Medienkampagnen mit edukativem Charakter soll die Miteinbeziehung der Eltern kombiniert mit Schulprogrammen Erleichterung bringen. Auch die Anpassung rechtlicher Rahmenbedingungen und Interventionen von Anbieterinnen und Anbietern medizinischer Dienstleistungen, insbesondere in der Pädiatrie, gehören zu diesem multidimensionalen Ansatz (Aboujaoude et al., 2015). Savage et al. (2017) betrachten die Vermeidung von Vergeltungsschlägen, die Suche nach sozialer Unterstützung, die Sicherung von Beweisen und das Inkenntnissetzen von Autoritäten als wichtige Elemente von Interventions- und Präventionsprogrammen.

Insgesamt stehen sowohl Eltern als auch Lehrkräfte in einer Mobbing-Situation häufig vor einer schwierigen Aufgabe: Es dauert oft lange und setzt großen Leidensdruck voraus, bis Kinder sich mit ihren Sorgen und Problemen an Erwachsene wenden. Sind die Erwachsenen dann informiert, kann auch bei gut gemeinten Interventionen erfahrungsgemäß noch viel schiefgehen. Richtet man sich nicht sensibel und vorsichtig an die Täterinnen und Täter, kann das Mobbing andere Formen annehmen, die subtiler und noch weniger sichtbar sind. Das betroffene Kind läuft Gefahr, als „Petze“ noch mehr aus der Gemeinschaft ausgeschlossen zu werden. Die Art und Weise, wie Erwachsene und Kinder ein Problem lösen bzw. angehen wollen, unterscheidet sich teilweise stark voneinander, und häufig zeigt sich, dass weder die Herangehensweise der Erwachsenen noch die der Kinder zielführend ist.

Was können Eltern nun konstruktiv tun, wenn ihr Kind Opfer von Belästigungen im Internet geworden ist? Zentral ist, dass Eltern das Vertrauen zwischen ihrem Kind und sich stärken. Sie sollten signalisieren, dass das Kind jederzeit mit ihnen über seine Sorgen und Ängste sprechen kann. Wichtig ist, dass dem Kind geglaubt wird und eindeutig Position bezogen wird im Sinne von: „Mit den Cybermobbing-Attacken wird dir Unrecht getan! Es ist scheußlich, was die anderen da mit dir machen.“

Gleichzeitig sollten Eltern aber nicht übereilte Maßnahmen ergreifen und z.B. die Internet- oder Handynutzung verbieten, denn damit hätte das Kind das Gefühl, bestraft zu werden, wodurch es sich auch noch am Mobbing mitverantwortlich fühlen würde. Auch im Fall von Mobbing spielen das Internet und das Handy für die betroffenen Kinder und Jugendlichen weiterhin eine wichtige Rolle und nehmen eine soziale Unterstützungsfunktion ein. Gemeinsam mit dem Kind sollten neue Verhaltensweisen überlegt werden, damit es sich vor Belästigungen besser schützen kann. Dazu gehört auch, die Täterinnen und Täter, falls sie auszumachen sind, zu konfrontieren und auf ihr strafbares Verhalten hinzuweisen. Wenn die Täterin oder der Täter aus dem schulischen Umfeld kommt, sollte Hilfe, z.B. die Schulleitung oder auch die Polizei, eingeschaltet werden. Dem betroffenen Kind muss vermittelt werden, dass die Täterin bzw. der Täter sich strafbar macht und es selbst eindeutiges Opfer ist. Wenn die Belastungen durch das Mobbing schwerwiegender sind, ist selbstverständlich auch eine psychotherapeutische Unterstützung in Betracht zu ziehen. Bei massivem Cybermobbing mit gravierenden psychischen Folgen kann eine Traumatherapie die Behandlung der Wahl sein. Eine Anzeige der Täterinnen oder Täter sollte im Rahmen einer Therapie mit den Eltern besprochen werden. Um die mit dem Verfahren verbundenen Belastungen auch durchzustehen, sollte darauf geachtet werden, dass das Opfer psychisch ausreichend stabil ist, bevor die betroffene Familie den Weg der Anzeige geht. Bei einer Anzeige der Täterinnen und Täter ist es wichtig, dass objektivierbar ist, was genau passiert ist. Daher sollten Cybermobbing-Vorfälle immer dokumentiert und somit Beweise gesichert werden (Pieschl & Porsch, 2012).

3.2.3 Präventive Maßnahmen

Neben Interventionsmaßnahmen und Hilfsangeboten sollte auch präventive Maßnahmen nicht vernachlässigt werden. Bezüglich der Prävention von Cybermobbing gibt es eine Reihe von (guten) Vorschlägen (ausführlich siehe Pieschl & Porsch, 2014), aber vergleichsweise wenige Studien über die Wirksamkeit dieser Programme. Erste Ergebnisse zu Programmen gegen herkömmliches Mobbing an der Schule, die häufig Themen wie Gewalt und Aggression fokussieren und allgemein soziales Kompetenztraining umfassen, zeigen auch eine Wirkung auf Cybermobbing, wobei entsprechende Metaanalysen zur Wirksamkeit von Anti-Mobbing-Programmen auf die Reduktion von Mobbing insgesamt zu sehr gemischten und z.T. wenig positiven Ergebnissen kommen (z.B. Baldry & Farrington, 2007; Smith et al., 2004).

Es existieren jedoch auch Programme, die sich ausschließlich gegen Cybermobbing richten und dabei häufig Medienkompetenz und soziale Gruppenphänomene fokussieren. Beispiele hierfür sind das finnische Schulprogramm „KiVa" (Salmivalli et al., 2011) oder auch das deutsche Programm „Surf-Fair" gegen Cybermobbing (Pieschl & Porsch, 2012). Dieses Präventionsprogramm wurde systematisch auf seine Wirksamkeit hin überprüft und basiert auf aktuellen Ergebnissen psychologischer Forschung. Es soll die Sichtweisen von Opfern aber auch Tätern und Mitläufern nachvollziehbar machen und zur Medienkompetenz beitragen. „Surf-Fair" richtet sich an siebte Klassen und wird in Gruppen von 10 bis maximal 30 Personen durchgeführt, wofür die Schüler in ihrem Klassenumfeld aufgesucht werden (Pieschl & Porsch, 2012).

Aufgrund des Befundes, dass ein belastetes Familienklima und ungeeignete Erziehungsmethoden dazu beitragen, dass sich Jugendliche hinter den Bildschirm zurückziehen, ist es im Fall einer Internetsucht sinnvoll, die Eltern in Präventionsprogramme mit einzubeziehen. Gleichzeitig sind reine Familieninterventionen möglicherweise nicht effektiv, da im Jugendalter – und besonders bezogen auf Computerspiel- und Internetnutzung – die Peergroup einen großen Einfluss auf die Jugendlichen hat (Eichenberg et al., 2011) und elterliche Regulationen häufig missachtet oder umgangen werden. Kinder und Jugendliche, die eine exzessive Computerspiel- und Internetnutzung aufweisen, berichten häufig von großer Belastung, von Problemen mit der Schule und/oder der Ausbildung sowie von Konflikten mit den Eltern (Mücken, 2009; Dreier et al., 2013). Im klinischen Alltag zeigt sich, dass Jugendliche durch die problematische bzw. exzessive Computerspiel- bzw. Internetnutzung viele Ressourcen nicht nutzen oder nicht entwickeln, die für ein gesundes Aufwachsen sehr relevant sind. Auch hat sich gezeigt, dass ein Großteil der Patientinnen und Patienten, der im Erwachsenenalter die Diagnose einer Internet- und Computerspielsucht erhielt, schon sehr früh ein problematisches Verhalten zeigte.

Insofern besteht ein großer Bedarf an Angeboten für Jugendliche zur Prävention von Computerspiel- und Internetsucht. Obwohl es bereits eine Vielzahl an Angeboten zur Suchtprävention gibt, fokussiert jedoch kaum ein Projekt direkt auf Verhaltenssüchte und speziell auf den problematischen Computer- und Internetgebrauch und kaum ein Projekt berücksichtigt verschiedene Zielgruppen wie Betroffene, Eltern, Lehrkräfte und Multiplikatorinnen und Multiplikatoren. Projekte wie die Einrichtung virtueller Friedhöfe für Avatare mögen eine nutzerzentrierte Idee sein (Lind-Krämer, 2011), stellen aber ganz sicher nur einen Baustein eines notwendigen medienpädagogischen und persönlichkeitsentwickelnden Angebots dar.

Eine wesentliche Aufgabe der Forschung und Praxis wird es in Zukunft also sein, wissenschaftlich erprobte Angebote zur Prävention breitflächig zur Verfügung zu stellen. Festgehalten werden kann auch, dass es notwendig ist, adäquates medienkompetentes Verhalten sowohl zu Hause als auch in Bildungseinrichtungen zu vermitteln. Die Deutsche Gesellschaft für Psychiatrie und Psychotherapie, Psychosomatik und Nervenheilkunde (DGPPN) gründete eine Taskforce zur Bearbeitung von Verhaltenssüchten und veröffentlichte 2016 ein Positionspapier, in dem die verstärkte fachliche Beschäftigung mit Verhaltenssüchten und die Entwicklung von Präventionsprogrammen gefordert wird (DGPPN, 2016).

4 Medienkompetenz sinnvoll vermitteln

Um Medienkompetenz sinnvoll zu vermitteln, ist es zunächst wichtig zu wissen, was mit diesem Begriff gemeint ist. In Zeiten, in denen auch die Großeltern problemlos E-Mails schreiben und SMS verschicken, stellt sich die Frage, ob die Vermittlung von Kompetenzen, nachdem digitale Medien schon längst etabliert sind, überhaupt noch nötig ist. Bei Medienkompetenz geht es jedoch nicht nur um die technische Befähigung mit den verschiedenen Devices, die heute unser Leben unterstützen, umzugehen, sondern um facettenreichere sowie reflexive Formen der Nutzung. Neben technischen Fertigkeiten ist ein Wissen darüber, wie welche Informationen und Funktionen, die durch digitale Medien zur Verfügung stehen, zu finden und zu nutzen sind ebenso Teil der Medienkompetenz wie die kritische Reflexion des eigenen Handelns in der Medienlandschaft und der dort angebotenen Inhalte. Statt *die* Medienkompetenz zu erlangen, steht die individuelle Auseinandersetzung mit alters- und vor allem bedürfnisspezifischen Fähigkeiten im Vordergrund.

Inzwischen bestimmt die Art und Weise, in der wir gelernt haben, neue Medien zu nutzen, nicht nur unsere gesellschaftliche und berufliche Rolle, sondern sie hat auch Einfluss auf unsere Identität und unsere Lebensmodelle, schreibt Moritz bereits im Jahr 2001 (mehr zur sozialen Bedeutung digitaler Medien im Kapitel 2). In den letzten 23 Jahren ist die Bedeutung digitaler Medien noch gestiegen und es gibt kaum einen Lebensbereich, in dem sie keine Rolle spielen. Nicht nur in der Familie, sondern auch in der Schule sollte Medienpädagogik daher ein ständiger Begleiter sein und als kooperative Erziehungsaufgabe verstanden werden. Auf den folgenden Seiten werden einige Strategien zur Implementierung und Vermittlung von Medienkompetenz im Alltag vorgeschlagen.

Eine Leitidee hierbei ist der Ansatz, dass der Zugang zu Informationen alleine wenig hilfreich ist, wenn diese Informationen nicht verstanden und interpretiert werden können. Das „Googeln" von Details zu Geschichte, Wirtschaft, Gesellschaft etc. kann Bildung im klassischen Sinne nicht ersetzen, wie verzweifelte Lehrkräfte und verwirrte Eltern häufig an Hausaufgaben und Aufsätzen bemerken, die aus Versatzstücken aus dem Internet bestehen und aneinander gereiht nur wenig Sinn ergeben. Ohne Kontext, in den sich neugewonnene Informationen einordnen lassen, hat auch die größte Datenbank nur wenig Nutzen. Wichtig zu wissen ist daher, in welcher Situation, zu welchem Zweck auf welches Medium zurückgegriffen wird. Dies betrifft sowohl die Informationssuche als auch Kommunikationssituationen. Wann ist der Gang in die Bibliothek sinnvoller, wann das Telefonat oder das persönliche Gespräch anstatt des Chats per WhatsApp?

Schorb und Wagner (2013) identifizieren drei Dimensionen von Medienkompetenz, die eben diese Besonderheit verdeutlichen: Wissen, Bewerten und Handeln. Wissen allein wird erst durch die Analyse und Beurteilung (Bewertungsdimension) und schließlich die selbstständige Handhabung (Handlungsdimension) wertvoll (vgl. Abbildung 9).

Die Vermittlung von Medienkompetenz bezieht sich daher niemals nur auf den Umgang mit digitalen Medien, sondern berührt viele andere wichtige Fähigkeiten, die nicht medienspezifisch sind. Die Herausforderung an der Weitergabe dieser Aspekte ist unter anderem, wie diese Aufgabe in der Familie, in der Schule oder auch in der Peergroup gelöst werden kann. Weiterhin ist die Fähigkeit, im Internet gefundene Informationen einzuordnen und zu interpretieren eine Kompetenz, die nur durch den Austausch mit anderen befriedigend gelingen kann. Im Folgenden wer-

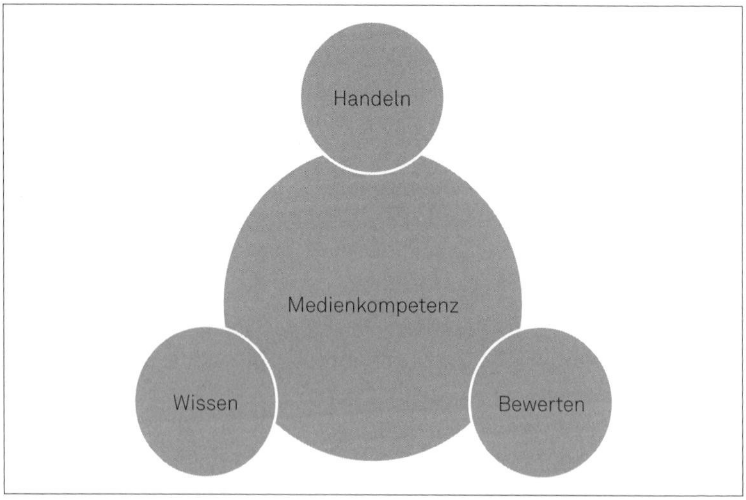

Abbildung 9: Dimensionen der Medienkompetenz nach Schorb und Wagner (2013)

den unterschiedliche Ansätze zur Vermittlung dieser Fähigkeiten vorgestellt und eine Auswahl an Tools aufgezeigt, um Medienkompetenz altersgerecht mit Kindern und Jugendlichen zu üben.

4.1 Medienkompetenz in der Familie

Eltern und andere an der Erziehung beteiligte Personen sind in den meisten Fällen die ersten Heldinnen und Helden, die Kinder anerkennen. Verhaltensweisen und Reaktionsmuster werden übernommen (sog. Lernen am Modell) und spielerisch ausprobiert. So ist es wenig verwunderlich, dass bereits sehr junge Kinder großes Interesse an Handy, Computer und Fernseher zeigen, sind sie doch für viele Erwachsene Dreh- und Angelpunkt ihres beruflichen, aber auch sozialen Lebens. Die Angebote von Spielwarenherstellern reichen von kindlichen Adaptionen technischer Geräte bis zu täuschend echten Attrappen, die sich nur in ihrer eingeschränkten Funktionsweise von den Geräten der Eltern unterscheiden.

Auch Firmen wie Apple haben die Begeisterung von Kindern für alle technischen Hilfsmittel von Erwachsenen erkannt, weshalb Unmengen an Apps speziell auf die Bedürfnisse und/oder die Wünsche von Kindern entwickelt werden. So ist es kein Wunder, dass bereits Kleinkinder fröhlich auf Smartphones eintippen und am PC mit sprechenden Bären Englisch üben.

Dieses große Interesse wirft für viele Eltern und andere Erziehungsberechtigte oft Fragen auf: „Wann ist der richtige Zeitpunkt, um mein Kind erste Erfahrungen mit digitalen Medien sammeln zu lassen?“, „Welche Formate sind wirklich kindgerecht?“ und natürlich auch „Welchen Gefahren könnte mein Kind ausgesetzt sein?“. Der stetig steigende Beratungsbedarf wird mit zahlreichen Initiativen, die sich gezielt an die ganze Familie als Nutzerinnen und Nutzer von Medien richtet, beantwortet. Viele Schulen thematisieren Medienkompetenz im Rahmen von Elternabenden und Projekten wie „Schau hin!“ (vgl. Kasten).

Projekte zum Aufbau von Medienkompetenz in der Familie

- *„Schau hin!“:* https://www.schau-hin.info
- *Safer Internet:* https://www.saferinternet.at

- *Initiativbüro „Gutes Aufwachsen mit Medien“:* https://www.gutes-aufwachsen-mit-medien.de/

Die Verantwortung, einen sicheren Umgang mit Medien zu vermitteln, beginnt schon sehr früh und ist verbunden mit dem Lebensstil, den die Kinder an ihren Erziehungsberechtigten beobachten können. Daher ist es wichtig, Eltern so umfassend wie möglich über bestehende Angebote und Nutzungsformen zu informieren und sie über mögliche Gefahren aufzuklären. Aufgrund der sich schnell ändernden Medienlandschaft und der Dynamik, die gerade für soziale Plattformen kennzeichnend ist, ist es damit aber nicht getan: Erziehungsberechtigte sollten im besten Fall versuchen, sich laufend über die Mediennutzungsgewohnheiten ihrer Kinder zu informieren. Damit ist nicht das heimliche Lesen von Facebook-Nachrichten gemeint, sondern ein Grundverständnis dafür, welche Medien ihr Kind wie nutzt und womit es dabei konfrontiert wird. In einer Bestandsaufnahme zur Medienkompetenzförderung des deutschen Bundesministeriums für Familie, Senioren, Frauen und Jugend wird darauf hingewiesen, dass positive Empfehlungen für Medien und medienbezogene Verhaltensweisen mit nachvollziehbaren Altersangaben hilfreicher sind als ständige Warnungen. In diesem Sinne gehört es durchaus auch zur Vermittlung von Medienkompetenz in der Familie, Potenziale digitaler Medien aufzuzeigen, gemeinsam zu nutzen und Spaß damit zu haben.

Die FIM-Studie zeigt, dass in vielen Familien Regeln zur Mediennutzung aufgestellt werden, die nicht nur die Nutzungsdauer, sondern auch erlaubte Inhalte betreffen. Den Inhalt betreffende Regeln werden meist strenger eingehalten als Richtlinien zur Dauer der Nutzung. Fernsehinhalte werden innerhalb der Familie besonders häufig diskutiert. Interessanterweise ergibt sich offenbar eine klare Rollenverteilung, wobei Mütter als Ansprechpartnerinnen für Bücher und Fernsehinhalte betrachtet werden und Väter eher zu technischen Fragen hinzugezogen werden. Nur ein Fünftel aller in der FIM-Studie befragten Eltern bezeichnen sich selbst als sehr medienkompetent. 14 % bemerken eher negative Auswirkungen der Medienentwicklungen auf das Familienleben. 25 % stellen eher positive Aspekte in den Vordergrund. Ob digitale Medien eher als unheilbringend oder als Gewinn eingeschätzt werden, ist sicherlich auch von der Medienkompetenz der Eltern abhängig (Ebert et al., 2012).

Auf den folgenden Seiten werden Strategien vorgestellt, die zur Vermittlung von Medienkompetenz innerhalb familiärer Strukturen beitragen können. Dabei wird zwischen Ideen für Kinder und Ideen für Jugendliche unterschieden.

4.1.1 Strategien zur Vermittlung von Medienkompetenz bei Kindern

„Das muss ich sehen"

„Nur noch diese Folge ..." ist ein Standardsatz, den Eltern häufig zu hören bekommen, wenn die Fernsehlust ihrer Kinder unersättlich ist. Um einerseits Streit, Ärger und Frustration zu verhindern und andererseits die Fähigkeit, interessante Beiträge herauszufiltern und anderes zu ignorieren, zu schärfen, bietet es sich an, gemeinsam mit den Kindern ein Fernsehprogramm aufzustellen. Ihr Kind und Sie sehen sich dabei das Fernsehprogramm gemeinsam an und Sie lesen ihm die zur Auswahl stehenden Sendungen vor. Davon darf sich Ihr Kind dann eine vereinbarte Anzahl aussuchen. Diese Formate werden vom Kind unterstrichen oder markiert und im Laufe der Woche dürfen dann ausschließlich die markierten Serien oder Filme gesehen werden. Spielerisch kann ebenso die Unterscheidung zwischen Werbung und Fernsehsendung gefördert werden, was insbesondere für jüngere Kinder wichtig ist (siehe hierzu auch die Anregungen in der Broschüre „Kinder – Medien – Sprache" der Landesanstalt für Medien Nordrhein-Westfalen[12]).

„Erstelle dein Passwort"

Ein wichtiger Teil von Medienkompetenz, auf den bereits früh aufmerksam gemacht werden sollte, ist der vorsichtige Umgang mit sensiblen Daten. Dazu gehört es, sichere Passwörter zu finden, mit deren Hilfe beispielsweise Social-Media-Accounts, aber auch digitale Tagebücher, mit Bankkonten verbundene Seiten wie iTunes oder private Fotos geschützt werden können. Erste Passwörter von Kindern sollten gemeinsam mit Er-

12 Quelle: https://www.medienanstalt-nrw.de/publikationen/kinder-medien-sprache.html

ziehungsberechtigten erstellt werden, wobei auf folgende Punkte zu achten ist: Das Passwort sollte sich auf keine zu vorhersehbaren Kombinationen wie „1234" stützen. Im Idealfall werden Groß- und Kleinbuchstaben gemischt und Sonderzeichen mit eingebunden. Gleichzeitig muss das Passwort für den Anwender leicht zu merken sein, sodass es auf keinen Fall als Notiz festgehalten werden muss. Private Informationen sollten trotzdem nicht enthalten sein: Der Name des Haustieres ist kein sicherer Weg, um seine Daten zu schützen. Zudem gilt: Je länger das Passwort, desto schwieriger ist es zu knacken! Ein Passwort, dass all diese Tipps berücksichtigt, aber trotzdem keine zu große Herausforderung für ein Kind ist, scheint auf den ersten Blick nur schwer erstellbar zu sein. Der Trick dafür sind Eselsbrücken, verschlüsselte Sätze oder kurze Geschichten, die Erwachsene mit Kindern durchsprechen können (vgl. Kasten).

Vorschläge für die Formulierung von Passwörtern

- „Meine Katze und ich sind Freunde für immer!" wird zu „MK&isFfi!".
- „Es waren einmal 7 Zwerge" wird zu „Eswaei7Zw".

Oder es wird ein bekannter Liedertext verwertet:

- „Ein Männlein steht im Walde ganz still und stumm!" wird zu „1MsiWgsus".

Die gemeinsame Formulierung von ersten Passwörtern kann Spaß machen, wenn mehrere Vorschläge entworfen werden und dabei Rücksicht auf jene Inhalte genommen wird, die Kindern besonders am Herzen liegen.

„Komm, wir machen ein Bilderrätsel" – kreative Mediennutzung fördern

Kreative Mediennutzung lässt sich spielerisch fördern. Gehen Sie mit Ihrem Kind gemeinsam durch die Wohnung und fotografieren Sie mithilfe des Smartphones (Teile von) Gegenstände(n). Anschließend soll ein anderes Kind erraten, um welchen Gegenstand es sich handelt.

„Wir suchen Dinosaurier!" – Übertragung von Online-Inhalten

Viele Interessensgebiete von Kindern, die sich online ergeben, können offline gut verfolgt werden. Serien, die sich beispielsweise mit Dinosauriern beschäftigen, können ein guter Ausgangspunkt für den Besuch eines Museums oder einer archäologischen Ausgrabungsstätte sein. SciFi-Spiele eignen sich vielleicht als Aufhänger für den nächsten Besuch im Planetarium. Digitale Inhalte zu integrieren und um Offline-Perspektiven zu erweitern ist für alle Beteiligten spaßiger, als bloß Verbote aufzustellen (vgl. hierzu auch die „Liste angenehmer Tätigkeiten" im Anhang auf Seite 188).

Medienvertrag

Wenn Ihr Kind im Grundschulalter die ersten selbstständigen digitalen Schritte geht, ist es sinnvoll, gemeinsam mit dem Kind Regeln zur Internetnutzung zu formulieren. Die Verschriftlichung und das gemeinsame Unterschreiben dieser Vereinbarung gibt den Regeln einen offiziellen Charakter, die Verbindlichkeit wird damit unterstrichen. Welche Regeln vereinbart werden, ist abhängig von der zu erwartenden Nutzung und richtet sich nach dem Alter der Nutzerinnen und Nutzer. Einer der wichtigsten Aspekte eines solchen Vertrages sollte auf jeden Fall der Schutz persönlicher Daten, wie z. B. der Adresse oder auch der Telefonnummer, sein (vgl. die Vorlage für einen Medienvertrag im Anhang auf Seite 189). Zudem sollten im Internet vereinbarte Treffen mit Unbekannten niemals unbeaufsichtigt stattfinden. Dass Fotos nur nach Absprache mit den darauf abgebildeten Personen veröffentlicht werden dürfen, könnte ebenfalls Bestandteil eines solchen Mediennutzungsvertrages sein. In jedem Fall muss festgehalten werden, dass auf keinen Fall unangenehme Fotos veröffentlicht werden sollten oder Selbstporträts an Unbekannte verschickt werden dürfen. Auch die Nutzung digitaler Medien eingebunden in die Alltagswelt kann thematisiert werden: Möglicherweise ist es wichtig festzuhalten, dass im Straßenverkehr nicht mit Handys gespielt werden darf. Oder, dass während gemeinsam eingenommener Mahlzeiten der Fernseher ausgeschalten werden muss. Auch finanzielle Rahmenbedingungen sollten klar angesprochen werden: Darf das Kind über den Account der Eltern Apps kaufen? Bekommt das Kind ein Guthaben, das es nach eigenem Ermessen einsetzen darf? Hierbei sollte jedoch bedacht werden, dass ein frei verfügbares (beschränktes) Guthaben zwar weniger Streitpotenzial hat, aber der Einblick der Eltern in die von ihren Kindern genutzten Angebote deutlich reduziert ist.

Grundsätzliche ist es wichtig, einen Medienvertrag möglichst einfach und verständlich zu formulieren. Für jüngere Kinder ist es empfehlenswert, dass sie Medien in erster Linie gemeinsam mit Erwachsenen und unter Aufsicht nutzen. Weitere Anregungen für den pädagogischen Umgang mit Kindern in Bezug auf Medien gibt Neuß (2012).

4.1.2 Strategien zur Vermittlung von Medienkompetenz bei Jugendlichen

Jugendliche sind oft besser mit der Funktionsweise digitaler Medien vertraut als ihre Eltern oder andere Erziehungsberechtigte. Eine Möglichkeit, ihre Nutzungsgewohnheiten besser kennenzulernen, ist es, sich die von ihnen bevorzugten Angebote erklären zu lassen. Wie funktioniert Snapchat? Gibt es Likes auf Instagram? Was bedeutet „nach links swipen" und worum geht es bei „netflix & chill"? Viele Jugendliche finden Spaß daran, ihre unerfahrenen Eltern in neue Medien einzuführen, solange ihre Privatsphäre nicht angegriffen wird. Von Anfang an sollte daher klar sein, dass das Motiv für diesen „Workshop für die Eltern" nicht im Ausspionieren liegt oder gar der Kontrolle dient. Im Vordergrund der Medienerziehung von Jugendlichen sollte ein offenes Gesprächsklima stehen, das die Thematisierung von Belastungen und Unsicherheiten zulässt.

„Ich erklär's dir ..."

Lassen Sie sich verschiedene Angebote wie beispielsweise Tiktok-Challenges erklären und hinterfragen Sie Gefahren, die sie aufwerfen. Jugendlichen sind Risiken oft bewusst – die Thematisierung kann dabei helfen, sie zu vermeiden.

Mit ein wenig Mitgefühl ...

Jugendliche sollten immer wieder dazu angehalten werden, Postings im Internet kritisch zu hinterfragen und zu versuchen, sich in die Lage der

Betroffen zu versetzen. Wie verletzend manche Kommentare und Fotos sind, wird ihnen häufig erst im Gespräch bewusst. Cybermobbing wird mehr und mehr in zum Teil umstrittenen Formaten für Jugendliche aufbereitet und thematisiert. In der 2017 auf Netflix erschienenen, oft kritisierten Serie „13 reasons why" wird der Suizid einer 16-Jährigen auch mit über digitale Medien verbreiteten Bloßstellungen in Verbindung gebracht. Solche, oft sehr eindringlichen und verstörenden Themen sollten mit Gesprächen, in denen nochmals ausführlich über das Gesehene diskutiert wird, begleitet werden.

Insta- vs. real life

Blogs wie das erwähnte „youdidnoteatthat" (vgl. Abbildung 4 in Kapitel 2.1.3) verdeutlichen, wie sehr Lebenswelt und Internetauftritt sich häufig voneinander unterscheiden. Gerade Jugendliche können sich von der makellosen Inszenierung ihrer Internetidole eingeschüchtert oder unter Druck gesetzt fühlen. Egal, ob es nun um ein Körperideal, eine aufregende Freizeitgestaltung oder auch finanzielle Mittel geht. Es ist wichtig, immer wieder auf Diskrepanzen hinzuweisen und gemeinsam diese Inszenierungen zu hinterfragen. Dies kann auf die Jugendlichen entlastend wirken. Manche Bloggerinnen entscheiden sich mittlerweile auch dazu, die Details ihrer Darstellungen zu offenbaren und darauf hinzuweisen, wieviel davon nur mithilfe mühevoller Täuschungen und mithilfe von Photoshop erreicht werden kann. Bei Gesprächen über „Internetschwindeleien" können solche Beispiele unterstützend wirken.

Safer Internet etc. – Informationen für die ganze Familie

Für Eltern gibt es zahlreiche Angebote, die nicht nur Tipps zur Vermittlung von Medienkompetenz an ihre Kinder liefern, sondern auch helfen sollen, die eigenen Anwendungsgewohnheiten zu hinterfragen und auszubauen.

Unter dem Link www.saferinternet.at/zielgruppen/eltern erreicht man eine österreichische Initiative, die vor allem Kinder, Jugendliche, Eltern und Lehrende beim sicheren, kompetenten und verantwortungsvollen Umgang mit digitalen Medien unterstützen will. Hier werden explizit an Eltern gerichtete Informationen angeboten, häufig gestellte Fragen beantwortet sowie Broschüren zum Weiterlesen und sogar eine Beratung per Video bereitgestellt. Jugendliche erhalten zudem über den Link www.saferinternet.at/zielgruppen/jugendliche Tipps, wie sie sich im Internet und sozialen Netzwerken sicher bewegen können. Ihr Wissen über die sichere Nutzung von Handy und Internet können die Jugendlichen mithilfe eines Quiz überprüfen.

Für Eltern ist es häufig nur schwer nachvollziehbar, auf welche Art ihre Kinder digitale Medien nutzen. Sie können daher auch nur schwer einschätzen, welche Probleme sich aus dieser Nutzung ergeben könnten. Es empfiehlt sich daher, regelmäßig die Gewohnheiten der Kinder in einem möglichst stressfreien Kontext zu erfragen.

Übung zu den Nutzungsgewohnheiten

Lassen Sie sich doch die Lieblingsserien, Lieblingshomepages etc. Ihres Kindes zeigen und nehmen Sie so Anteil an seinen Erfahrungen mit digitalen Medien. Bei sozialen Plattformen kann es aufschlussreich sein, sich gemeinsam die Profile von Freundinnen und Freunden anzusehen und zu überlegen, was gut und was eher unerfreulich ist – aus Ihrer Sicht und aus der Sicht Ihres Kindes! Vielleicht kann Ihnen Ihr Kind neue Nutzungsmöglichkeiten zeigen und erklären. Das kann für Sie sehr lehrreich sein und macht Ihrem Kind wahrscheinlich großen Spaß.

4.1.3 Mediennutzung und intergenerationale Konflikte in der Familie

Die ständige Verfügbarkeit digitaler Medien und Dienste, z. B. über das Smartphone, kann in Familien zu Reibungen und Konflikten führen. Ein ausgeglichenes Verhältnis von Autonomie und Begleitung ist oft nur schwer zu erreichen, weshalb durch Mediennutzung ausgelöste Konflikte in vielen Familien offenbar an der Tagesordnung sind (Mesch, 2006). In einer Untersuchung, innerhalb derer 754 Schüler zwischen 12 und 17 Jahren und ihre Eltern befragt wurden, zeigte sich, dass insbesondere in Familien, in denen Jugendliche als die Familienexpertinnen und -experten für digitale Medien akzeptiert werden, Streitigkeiten entstehen. Gerade die älteren unter den befragten Eltern überließen diese Position ihren Kindern und erlaubten dadurch eine ungewöhnliche Rollenumverteilung in diesem Bereich: Ihre Kinder leiteten sie in digitalen Belangen an und stellten ihnen ihr Expertentum zur Verfügung. Diese Umverteilung könnte, so Mesch (2006), zu einem Machtungleichgewicht und zum Autoritätsverlust führen. Auch zeigte sich in der Studie, dass es zu massiven Konflikten kam, wenn die Eltern einseitig die negativen Seiten des Internets betonten und überstrenge, für die Heranwachsenden nicht nachvollziehbare Regeln aufstellten. Insgesamt werden Nutzungsregeln vom Nachwuchs besser akzeptiert, wenn die in Tabelle 15 aufgeführten Hinweise beachtet werden.

Tabelle 15: Hinweise für das Erstellen von Nutzungsregeln

Don't: Starre Regeln und Verbote	• Die Überdramatisierung und allzu strenge Einschränkung kann zu Reaktanz führen. • Je mehr Entscheidungen mit den Jugendlichen gemeinsam getroffen werden, desto eher werden reaktante Verhaltensweisen (= trotzige Reaktionen) vermieden. • Durch sehr strenge Verbote und Einschränkungen scheinen gerade die davon betroffenen Verhaltensweisen besonders attraktiv. • Um damit verbundene Widerstandsreaktionen zu vermeiden, ist es besonders wichtig, auf Moralpredigten zu verzichten. • Je offener das Gesprächsklima bleibt, desto größer ist die Chance, Risikoverhalten zu entdecken und behutsam gegenarbeiten zu können.
Do: Flexible und individuelle Regeln	• Jugendliche können und müssen in die Gestaltung ihrer Medienzeiten miteinbezogen werden. Sie sind durchaus in der Lage, reflektiert mit digitalen Medien umzugehen. • Regeln sollten flexibel ausgestaltet werden können und dies mit den Jugendlichen auch dementsprechend diskutiert und aufgearbeitet werden. • Jugendliche können durch einen offenen Umgang Verständnis dafür entwickeln, warum – z.B. im Familien- oder auch Schulalltag – ein gewisser Rahmen gesetzt werden muss. • Hilfreich ist eine offene, reflektierte Haltung zum Thema, die nicht vorwiegend auf persönlichen Erfahrungswerten beruht, sondern sich auch mit den vielleicht zum Teil konträren Ansprüchen der Jugendlichen auseinandersetzt.

4.2 Medienkompetenz in der Schule

Meister (2013) charakterisiert das Aufgabenfeld der Schulen im Bereich der Medienkompetenzvermittlung als sehr komplex. Neben Bildungsqualität, Lernkultur und Teilhabemöglichkeiten, Identitäts- und Persönlichkeitsentwicklung und der Ausbildung von Werten geht es auch um Prävention und Risikomanagement. Wie diese Aufgaben sind auch die Rahmenbedingungen, in denen es um digitale Medien gehen kann, sehr unterschiedlich:

- Technische Neuentwicklungen können, wie in Kapitel 2 beschrieben, gut als didaktisches Hilfsmittel in den Unterricht integriert werden.
- In der Schule sollten Risiken, die mit dem Gebrauch von digitalen Medien in Zusammenhang stehen, passend zu den aktuellen Bedürfnissen der Kinder und Jugendlichen in altersgerechter Form immer wieder diskutiert werden.
- Schließlich kommt es immer wieder vor, dass Konflikte zwischen Kindern und Jugendlichen über soziale Medien ausgetragen werden. In diesem Fall können Lehrkräfte, sofern sie selbst über diese Abläufe informiert sind, als Mediatoren eine wichtige Rolle spielen.

Neben diesen hauptsächlich auf Kinder bezogenen Anwendungsgebieten gibt es auch Lehrkräfte, die die neuen Medien als Möglichkeit zur Vernetzung mit anderen Erwachsenen nutzen, um sich dort unter anderem über die Vermittlung von Medienkompetenz auszutauschen. Außerdem gibt es unzählige digitale Unterstützungsangebote für Lehrkräfte, in denen Unterrichtsmaterialien für die Vermittlung von Medienkompetenz angeboten werden (vgl. hierzu auch die Hinweise im Kasten „Unterrichtsmaterialien zur Medienerziehung" auf Seite 158).

Die Themen, die in der Schule abgedeckt werden sollten, sind vielfältig und für unterschiedliche Altersgruppen relevant, weshalb die Vermittlung von Medienkompetenz einen immer wiederkehrenden Lehrinhalt darstellen muss. Neben der Möglichkeit, den Unterricht inhaltlich digital zu unterstützen, sollten Themen, wie jene in Kapitel 3 beschriebenen Gefahren, in der Schule aufbereitet werden. Auch spezifische Lektüre bietet sich hier an (z. B. „norway.today" von Igor Bauersima).

Digitale Medien bieten eine Vielzahl an Möglichkeiten, Inhalte zu bearbeiten. Kozma und McGhee (2003) finden hierzu sieben Cluster, die diese Bandbreite zeigen und im Folgenden dargestellt werden. Ein Cluster umschreibt die Nutzung des Internets zu Recherchezwecken, die Benutzung von E-Mail-Software und Präsentationsmöglichkeiten und Ähnliches, wobei Projektarbeit im Vordergrund steht. Partner- und Gruppenarbeiten, in die die Lehrkraft nur in strukturierender und beratender Tätigkeit eingreift, bilden ebenfalls eine Möglichkeit zur Einbindung neuer Medien in den Unterricht. Auch die Nutzungsmöglichkeiten digitaler Medien für Belange der Unterrichtsplanung und -organisation durch die Lehrpersonen sowie zur Erweiterung des Lehrplans werden von Kozma und McGhee (2003) erwähnt. Die enge Zusammenarbeit zwischen Lehrperson und Lernenden kann ebenso ein Modus sein wie die eigenverantwortliche Gestaltung medialer Produkte durch die Schülerinnen und Schüler. Zudem wird die Möglichkeit erwähnt, durch Mailkommunikation mit externen und internationalen Partnerinnen und Partnern zusammenzuarbeiten. Außerdem werden tutorienähnliche Programme vorgeschlagen, in denen Nutzerinnen und Nutzer eigenständig Fähigkeiten erarbeiten, stärken oder weiterentwickeln können. Kozma (2003) erwähnt, dass innovative Einsatzmöglichkeiten von digitalen Medien und neue Unterrichtsmodelle nicht mithilfe von besonders hoch entwickelter, teurer Technologie entstehen, sondern durch das Engagement und die Zusammenarbeit von innovativen Lehrkräften sowie Schülerinnen und Schülern. Beim Einsatz digitaler Medien im Unterricht sollten Lehrende darauf achten, dass ein alternativer Zugang zum Internet gewährleistet wird. Nicht alle Kinder können zu Hause das Internet nutzen – für sie sollten Einzelgeräte oder ein EDV-Raum zur Verfügung stehen.

Die Einbindung digitaler Medien als didaktisches Hilfsmittel verändert Lehr- und Lernstrukturen: Sie begünstigt selbstorganisiertes, aktiv-konstruktives Arbeiten und beinhaltet soziale Aspekte (Mandl et al., 2004). Komplexe Sachverhalte werden vereinfacht und Lernprozesse werden individualisiert. Zudem wird die Autonomie der Schülerinnen und Schüler gestärkt (Tully, 2004). Daher ist es nicht verwunderlich, dass sich zahlreiche Projekte um die verstärkte Einbindung digitaler Medien in den Schulunterricht bemühen (z.B. die Initiative „Digi4You“). Bei der Evaluierung solcher Initiativen stellt die Komplexität des Bereiches Medienkompetenz allerdings eine große Herausforderung dar: Zum einen soll natürlich die Wirksamkeit und Wirkweise digitaler Medien im Unterricht überprüft werden. Zum anderen sollte aber auch erfasst werden, welche Angebote angenommen werden, und zwar sowohl von Lehrkräften als auch von Schülern, und warum sie akzeptiert oder abgelehnt werden. Am Beginn müsste also eigentlich die Überprüfung der

Nutzungsgewohnheiten von Lehrkräften und Schülern stehen sowie die Überlegung, wie diese Gewohnheiten für den Unterricht zu adaptieren sind. Im Gegensatz zu traditionellen Lehrmedien wie Büchern und Tafeln oder auch Folien, die Informationen über Texte und Bilder vermitteln, eröffnen digitale Medien die Chance, Inhalte vernetzt, interaktiv und multimedial zu präsentieren.

Schon seit den 1980er Jahren wird untersucht, wie sich Lernen und Lehren in multimedialen Räumen vom konventionellen Lernen und Lehren unterscheidet. Heute stehen dabei besonders interaktive Elemente im Vordergrund, die beispielsweise im Serious Gaming (vgl. Kapitel 2.4.2) eingesetzt werden. Auf welche Weise digitale Medien nutzbringend in den Unterricht eingeflochten werden können, ist nicht zuletzt von der Ausrichtung des unterrichteten Faches abhängig: Ein naturwissenschaftliches Fach kann sehr von der Möglichkeit profitieren, 3D-Modelle zu projizieren, wohingegen dieses Tool in einem an Lektüre orientierten Fach eine geringere Rolle spielen wird (Schaumburg, 2015). Trotz ihrer vielfältigen Anwendungsmöglichkeiten und der guten Ausstattung vieler Schulen erfolgt der Einsatz digitaler Medien im Unterricht immer noch zögerlich. Zwar nutzen über 90 % aller Lehrkräfte das Internet und digitale Medien, um ihren Unterricht vorzubereiten, der Prozentsatz, der sie dann aber auch in den Unterrichtseinheiten einsetzt, ist aber deutlich geringer (Baumgartner et al., 2016). In einer Studie, die vom Institut für empirische Sozialforschung (IFES) durchgeführt wurde, gaben 54 % der 439 befragten Schülern an, dass Lehrkräfte über mehr Wissen über das Internet und digitale Medien verfügen sollten (Zeglovits, 2017, Januar).

Möglicherweise können Reformen in der Ausbildung von Lehrkräften, die auf die Medienkompetenz Lehrender abzielen und digitale Fachdidaktik berücksichtigen, etwas an diesen offenbar empfundenen Defiziten ändern und den Einsatz digitaler Medien im Unterricht begünstigen. Auch von Lehrkräften selbst wurde der Wunsch nach mehr Weiterbildung in diesem Bereich formuliert, ebenso wie das Bedürfnis nach einer verbesserten Ausstattung mit Geräten in der Schule. Knapp 50 % von 505 befragten deutschen Lehrkräften gaben in einer von Bitkom durchgeführten Studie an, dass sie gerne häufiger digitale Medien im Unterricht einsetzen würden; 43 % fehlt aber die dafür nötige technische Ausrüstung im Klassenzimmer (Wirtz et al., 2016). 2023 geben bereits 69% des befragten Lehrpersonals an, digitale Tools zur Vermittlung neuer

Inhalte im Unterricht einzusetzen (Robert Bosch Stiftung, 2023, 11. September).

Lehrkräfte, die kürzlich ihr Lehramtsstudium abgeschlossen haben, sind nach Einschätzung 61% der 2023 befragten Schulleitungen auf den Einsatz digitaler Endgeräte im Unterricht vorbereitet (Verband Bildung und Erziehung, 2023, 21. November). Die Verfügbarkeit von Klassensätzen an Laptops, Tablet-PCs und Smartphones ist im Jahr 2023 nach Angabe von nur 15% der Schulleitungen für alle Klassen ihrer Schulen gegeben (Verband Bildung und Erziehung, 2023, 19. November).

Im Folgenden werden Anregungen zur Thematisierung von Medienkompetenz im Klassenzimmer gegeben, die auch ohne technische Hilfsmittel auskommen.

4.2.1 Konzepte zur Vermittlung von Medienkompetenz bei Kindern

„Mein Medientagebuch“

Eine Möglichkeit zu erfahren, welche Medien in der Klasse, die eine Lehrkraft derzeit unterrichtet, gerade relevant sind, ist es, Kinder dazu aufzufordern, eine Woche lang zu notieren, welche digitalen Medien sie wann und unter welchen Umständen nutzen und welche Inhalte sie dabei konsumieren. Eltern können ihre Kinder dabei unterstützen, ein solches Medientagebuch zu führen, und dadurch auch gleich einen Überblick über den Medienkonsum ihrer Kinder gewinnen. Eine Vorlage für ein solches Medientagebuch befindet sich im Anhang des Buches auf Seite 190.

Unterrichtsmaterialien zur Medienerziehung nutzen

Verschiedene Anbieter stellen kostenlos Unterrichtsmaterialien zur Medienerziehung in der Schule zur Verfügung (vgl. Kasten). Die Materialien können wichtige Anregungen für die Gestaltung von Unterrichtseinheiten zur Vermittlung von Medienkompetenz bieten. Die Lehrperson muss hierzu Material auswählen und aufbereiten, welches für die jeweilige Altersgruppe passend ist und auf dem Wissen aufbaut, das in der Klasse bereits vorhanden ist.

Unterrichtsmaterialien zur Medienerziehung

- *A1 Internet für Alle:* https://a1internetfueralle.at/broschueren
- *Planet Schule:* https://www.planet-schule.de/fach/medienkompetenz-118.html
- *Initiative „Sicherheit macht Schule" von Microsoft Deutschland:* https://www.microsoft.com/de-de/industry/blog/tag/digitale-schule/
- *Frieden Fragen:* https://www.frieden-fragen.de/erwachsene.html
- *Lehrerservice:* https://www.jungoesterreich.at/magazine/spatzenpost/lehrerservice oder https://www.jungoesterreich.at/lehrerservice
- *Max-Wissen:* https://www.max-wissen.de
- *Safer Internet (Tools für Lehrende):* https://www.saferinternet.at/zielgruppen/lehrende
- *Safer Internet (Quellen-Check):* https://www.saferinternet.at/fileadmin/redakteure/Zielgruppen-Dossiers/Lehrende/Digitale_Grundbildung/Saferinternet.at-UEbung-Der-Quellen-Check.pdf
- *Digi4school:* https://digi4school.at

Tipps und Tricks

Eine nützliche Ergänzung zu im Elternhaus vereinbarten Mediennutzungsverträgen können Anwendungstipps sein, die im Klassenzimmer ausgehängt werden. Auch hier ist es von der Altersgruppe der angesprochenen Kinder abhängig, welcher inhaltlichen Ausrichtung diese Tipps folgen sollen. Gerade im schulischen Kontext sollte jedoch die Empathie für andere Nutzerinnen und Nutzer immer in den Vordergrund gestellt werden.

Checklisten zur Beurteilung der Qualität von Informationen aus dem Internet sollten kindgerecht formuliert und im Klassenzimmer aufgehängt werden. Selbstverständlich ist das Aushängen von Information nur dann wirkungsvoll, wenn all diese Tipps auch im Rahmen einer Unterrichtseinheit diskutiert werden. Aushänge sollten als ergänzende Gedächtnisstütze verstanden werden, aber nicht als Möglichkeit für Kinder, sich in Eigenverantwortung zu informieren.

Vertiefende Lese- und Rechenspiele am iPad

Inzwischen existiert eine Reihe von qualitativ hochwertigen Apps zur ergänzenden Vermittlung der Lese- und Rechenkompetenz im Grundschulalter (z. B. Lesen lernen mit Zebra, Antolin Lesespiel). Im offenen Unterricht können z. B. einzelne Schülerinnen und Schüler nach der Erledigung ihrer regulären Aufgaben und Übungen für eine begrenzte Zeit am iPad mediengestützt und spielerisch weiterlernen.

4.2.2 Konzepte zur Vermittlung von Medienkompetenz bei Jugendlichen

Um Medienkompetenz in der Schule zu vermitteln, stehen die von Kozma (2003) vorgestellten Einsatzmöglichkeiten zur Verfügung (vgl. Tabelle 2 auf Seite 53), aber im Grunde sind der Kreativität keine Grenzen gesetzt. Gerade im Umgang mit Jugendlichen kann es hilfreich sein, diese stark in die Gestaltung des Unterrichts zur Medienkompetenz einzubinden und mit ihnen gemeinsam Strategien zur Entwicklung dieser Fähigkeit zu entwerfen. Dies ermöglicht nicht nur eine abwechslungsreichere Unterrichtsform, sondern könnte dazu beitragen, dass die Schüler ihre selbst entwickelten Ratschläge tatsächlich befolgen. Auch theaterpädagogische Projekte bieten sich an (siehe auch Rotter & Sindelar, 2010).

Diskussion eigener Erlebnisse

Eine interessante und für die Schülerinnen und Schüler spannende Möglichkeit, sich mit Gefahren digitaler Medien zu beschäftigen, ist das Vorbereiten und Vortragen von Fallbeispielen. Zunächst geben die Lehrkräfte hierfür Impulse, indem sie mögliche Problemfelder aufzeigen. Dann werden die Schülerinnen und Schüler dazu aufgefordert, ein eigenes Fallbeispiel (aus ihrem Leben, sollte es hier Widerstand geben, funktionieren erfundene Fallbeispiele oder Fallbeispiele aus dem Umfeld aber auch) vorzubereiten. Anschließend präsentieren die Schülerinnen und Schüler das Beispiel in der Klasse und nutzen hierbei auch digitale Medien (also z. B. Videos, gern selbst mit dem Handy gedreht, oder klassische PowerPoint-Folien etc.). Im Plenum wird das Fallbeispiel diskutiert und gemeinsam nach Lösungswegen und Präventionsstrategien gesucht. Diese werden schriftlich festgehalten und gemeinsam mit einer Beschreibung des Fallbeispiels, z. B. an einer Pinnwand im Klassenraum, ausgestellt.

Betreiben eines Blogs

Bloggerinnen und Blogger sind für viele Jugendliche Vorbilder, auch wenn sie sich häufig mit intellektuell wenig ansprechenden Themen beschäftigen. Dass auch Forschung und Wissenschaft sich ausgezeichnet für Bloginhalte eignen, können Lehrkräfte gemeinsam mit ihren Schülerinnen und Schülern zeigen, indem sie innerhalb der Klassen Gruppen bilden und diese Gruppen bitten, bestimmte Inhalte bloggerecht aufzubereiten. Jede Gruppe stellt dann einmal im Monat ihren vorbereiteten Beitrag auf den Blog, der durch die Vergabe eines Passworts entweder nur den Eltern, Lehrkräften sowie der Klasse, der ganzen Schule oder aber auch der Öffentlichkeit offensteht. So kann der Stoff eines Schuljahres in abwechslungsreicherer Form, als dies durch konventionelle Referate möglich ist, vertieft und gleichzeitig medienkompetentes Verhalten vermittelt werden.

Im Kasten sind Wissenschaftsblogs für Jugendliche aufgelistet, die auf unterhaltsame und verständliche Weise neue Forschungsergebnisse erklären.

Wissenschaftsblogs für Jugendliche

- *Scilogs Spektrum:* https://scilogs.spektrum.de
- *Max-Wissen:* https://www.max-wissen.de
- *Jugend forscht:* https://www.jugend-forscht.de
- *Geo:* https://www.geo.de

Die Ted-Talk-Challenge/Science Slam

Das bereits in Kapitel 2.3.5 beschriebene Angebot der „Ted Talks" kann nicht nur Lehrenden wertvolle Impulse zur Gestaltung des Unterrichts geben, sondern Schülerinnen und Schülern als Vorbild dienen, wie sie Referatsthemen kreativ aufbereiten und präsentieren können. Statt ein konventionelles Referat zu halten, können Schülerinnen und Schüler versuchen, ihre Beiträge unter Nutzung unterschiedlichster Requisiten, z. B. im Freien oder gemeinsam mit anderen Menschen, zu filmen und so ein evtl. eher unbeliebtes Thema für alle Beteiligten anregender vorzustellen. Die Klasse könnte – angelehnt an sogenannte Science Slams – am Ende den besten Beitrag wählen und auszeichnen (z. B. mit einer Urkunde, den Beitrag auf die schuleigene Homepage stellen etc.). Dabei sollte jedoch nicht das kompetitive, sondern das kooperierende Lernen im Vordergrund stehen.

Medienkompetenz für die „Kleinen"

Ein mögliches Vorgehen, mit dem gleich mehrere Fliegen mit einer Klappe geschlagen werden könnten, wäre es, ältere Schülerinnen und Schüler zu bitten, medienkompetenzrelevante Themen für jüngere Schülerinnen und Schüler aufzubereiten und diese Themen dann zu präsentieren. Die Erfahrung zeigt, dass durch die Übertragung der Verantwortung und durch das in sie gesetzte Vertrauen bei den älteren Schülerinnen und Schülern die Motivation steigt, Inhalte sorgsam vorzubereiten. Dadurch können sie selbst ihr Wissen über Medienkompetenz erweitern und dieses Wissen gleich an die Schülerinnen und Schüler einer anderen Klasse weitergeben. Auch für die jüngeren Kinder kann es spannend und motivierend sein, wenn ihnen medienkompetentes Verhalten durch ältere Schülerinnen und Schüler statt durch Lehrkräfte vermittelt wird. Wichtig ist jedoch, dass eine engmaschige Betreuung der älteren Schülerinnen und Schüler durch die Lehrkraft gegeben ist. Denkbar wäre auch, das Konzept (ältere Schülerinnen und Schüler geben ihr Wissen weiter) im Rahmen eines Elternabends für Eltern oder einer Schulveranstaltung anzuwenden.

„Fake User" im Internet entlarven

Auf der Internetseite www.saferinternet.at werden verschiedene Übungen zur Vermittlung von Medienkompetenz vorgeschlagen, die unterschiedliche Altersgruppen adressieren und mit Inhalten des Lehrplans in Verbindung stehen. Ein Beispiel hierfür ist die Idee, gemeinsam zu üben, „Fake User" im Internet zu entlarven. Zunächst formulieren die Schülerinnen und Schüler in Einzelarbeit mögliche Kriterien, nach denen solche User im Internet identifiziert werden könnten. Im nächsten Schritt werden die Ergebnisse in der Gruppe diskutiert, um abschließend eine gemeinsame Liste an Kriterien zu erstellen, die sich für das Erkennen falscher Identitäten eignet.

„Meine Identität im Internet"

Der kritische Umgang mit der eigenen Selbstdarstellung im Internet ist ein wichtiger Aspekt kompetenter Nutzung digitaler Medien. Gerade im Klassenzimmer kann es Spaß machen, soziale Netzwerke auf ihre Außenwirkung zu prüfen. Halten Sie Ihre Schülerinnen und Schüler dazu an, ihre Profile einmal durch die Augen eines Fremden zu betrachten! Welches Bild würde ein Außenstehender aufgrund ihrer Darstellung gewinnen? Bitten Sie sie, ihre Profile und ihre Außenperspektive auf einem Plakat oder auch einer PowerPoint-Präsentation zu verewigen. An dieser Stelle bietet es sich an, die häufig völlig verzerrten Inszenierungen von Internetstars zu thematisieren und kritisch zu hinterfragen. Diese oft allzu perfekten Darstellungen können Teenager unter Druck setzen und völlig überzogene Erwartungen in vielen Bereichen des Lebens erzeugen. Gleichzeitig sollte aber auch reflektiert werden, dass sich jede Person aus unterschiedlichen Facetten und Selbstaspekten zusammensetzt, die – so wie auch im „real life" – je nach Situation unterschiedlich akzentuiert dargestellt werden. Somit ist das Experimentieren mit verschiedenen Selbstaspekten ein normaler Vorgang.

Privatsphäre im Internet

Die Website www.klicksafe.de schlägt eine Übung im Klassenzimmer vor, um gemeinsam mit Jugendlichen das Thema Umgang mit privaten Daten im Internet zu diskutieren. Zunächst werden die Schülerinnen und

Schüler gebeten, eine Reihe an Informationen unter dem Gesichtspunkt zu bewerten, ob diese eher privat oder ruhig öffentlich zugänglich sein dürfen. Sie sollen entscheiden, ob eine Information, wie z. B. die Religionszugehörigkeit, Privatsache ist, mit Freundinnen und Freunden geteilt werden darf, nicht eindeutig zu kategorisieren ist oder der Öffentlichkeit zur Verfügung gestellt werden kann. Im nächsten Schritt wird im Plenum diskutiert, bei welchen Punkten Uneinigkeit herrscht und wo die Grenze zwischen privaten und öffentlichen Daten verlaufen sollte.

Als Ansprechperson zur Verfügung stehen

Wie in Kapitel 3 ausführlich dargestellt, gibt es einige Gefahrenfelder, die sich aus der Nutzung neuer Medien sowohl für Kinder und Jugendliche als auch für Erwachsene ergeben können. Die einfachste Möglichkeit, Kinder und Jugendliche vor diesen Risiken zu schützen, ist, offen mit ihnen über sie zu sprechen und Themen, die mit Sexualität zusammenhängen, dabei nicht auszusparen. Besonders wichtig ist es, dass jugendliche Internetnutzerinnen und -nutzer sicher sein können, erwachsene Ansprechpersonen zu haben, denen sie vertrauen und denen sie auch von Fehlern erzählen können, ohne wütende Reaktionen befürchten zu müssen. Probleme werden besonders in der Pubertät eher in der Peergroup als gegenüber Eltern und Lehrkräften thematisiert, weshalb Jugendliche auch für Probleme untereinander (in der Peergroup) sensibilisiert werden sollten und über Hilfsangebote aufgeklärt werden müssen. Je besser der Informationsstand über potenzielle Gefahren der Nutzung digitaler Medien ist, desto eher können die potenziellen Gefahren eingeschätzt und eingegrenzt werden.

Übung zum Thema Cybermobbing

Die Bereitschaft, eine Mitschülerin oder einen Mitschüler online oder offline zu mobben, kann gesenkt werden, indem Schülerinnen und Schüler gebeten werden, einen Aufsatz aus der Perspektive eines Betroffenen zu schreiben. Dabei kann ein fiktiver Fall von Cybermobbing als Ausgangspunkt dafür genutzt werden, die Gefühle, Ängste und Bedürfnisse einer oder eines Betroffenen nachvollziehen zu können. Auch Filme, wie z. B. „Homevideo“ aus dem Jahr 2011 (vgl. auch Kapitel 3.1.4.1), eignen sich bei älteren Jugendlichen als Einstieg in das Thema.

Selbstdarstellung im Internet

Wie in Kapitel 2 bereits angeschnitten, nutzen nicht nur Erwachsene, sondern auch Kinder und Jugendliche soziale Plattformen gerne zur Selbstdarstellung. Dabei werden häufig Informationen preisgegeben, die bei näherer Betrachtung nicht für die Öffentlichkeit bestimmt sind. Um die Sensibilität dafür zu erhöhen, bestimmte Informationen nicht preiszugeben, bietet es sich an, Kinder und Jugendliche aufzufordern, ihre Profile in sozialen Netzwerken zu „scannen“ und sich zu überlegen, was eine unbekannte Person auf die Frage „Wer ist die dargestellte Person?“ antworten würde. Die Antwort, die eine unbekannte Person nach Durchsicht des Profils geben würde, sollte dazu anregen, über das vermittelte Bild nachzudenken.

4.3 Fazit

Insgesamt ist es wichtig, dass wir bei der Medienerziehung einerseits unseren Kindern als Vorbild zur Verfügung stehen sowie regulierend eingreifen, andererseits aber auch Ver- und Zutrauen haben, dass unsere Kinder als „Digital Natives“ die Medien in ihre Entwicklung integrieren. Um ihnen dabei helfen zu können, müssen wir mit den weiteren Trends digitaler Medien Schritt halten, denn nur, wenn wir über neue Entwicklungen informiert sind, wissen wir, was Kinder und Jugendliche beispielsweise im Internet tun (können), und sind in der Lage, mit ihnen darüber ins Gespräch zu kommen und zu bleiben.

Zentral ist, anzuerkennen, dass gerade für Jugendliche das Internet ein attraktiver Raum mit offensichtlich sehr hoher sozialer Bedeutung ist. Einen Teil seiner Attraktivität bezieht dieser Raum gerade daher, dass die pädagogischen Zugriffs- und Kontrollmöglichkeiten hier begrenzt sind. Je mehr Jugendliche ihre Eltern und Lehrkräfte oder andere Bezugspersonen als nicht medienkompetent, als internetdistanziert oder sogar als pauschal ablehnend wahrnehmen, desto mehr steigt die Gefahr, dass die Heranwachsenden sie auch im Fall belastender Erfahrungen nicht ins Vertrauen ziehen.

Literatur

Aboujaoude, E., Savage, M.W., Starcevic, V. & Salame, W.O. (2015). Cyberbullying: Review of an old problem gone viral. *Journal of Adolescent Health, 57*, 10–18. https://doi.org/10.1016/j.jadohealth.2015.04.011

Anderson, C.A., Shibuya, A., Ihori, N., Swing, E.L., Bushman, B.J., Sakamoto, A. et al. (2010). Violent video game effects on aggression, empathy, and prosocial behavior in eastern and western countries: A meta-analytic review. *Psychological Bulletin, 136*(2), 151–173. https://doi.org/10.1037/a0018251

Antheunis, M.L., Valkenburg, P.M. & Peter, J. (2012). The quality of online, offline, and mixed-mode friendships among users of a social networking site. *Cyberpsychology: Journal of Psychosocial Research on Cyberspace, 6*(3), 6. https://doi.org/10.5817/CP2012-3-6

Bakshy, E., Messing, S. & Adamic, L.A. (2015). Exposure to ideologically diverse news and opinion on Facebook. *Science, 348*(6239), 1130–1132. https://doi.org/10.1126/science.aaa1160

Baldry, A.C. & Farrington, D.P. (2007). Effectiveness of programs to prevent school bullying. *Victims & Offenders, 2*, 183–204. https://doi.org/10.1080/15564880701263155

Bandura, A. (1978). Social learning theory of aggression. *Journal of Communication, 28*(3), 12–29. https://doi.org/10.1111/j.1460-2466.1978.tb01621.x

Bardone-Cone, A.M. & Cass, K.M. (2006). Investigating the impact of pro-anorexia websites: A pilot study. *European Eating Disorders Review, 14*(4), 256–262. https://doi.org/10.1002/erv.714

Bartel, K., Williamson, P., van Maanen, A., Cassoff, J., Meijer, A.M., Oort, F. et al. (2016). Protective and risk factors associated with adolescent sleep: Findings from Australia, Canada, and The Netherlands. *Sleep Medicine, 26*, 97–103. https://doi.org/10.1016/j.sleep.2016.07.007

Bartlett, F. (1995). *Remembering.* Cambridge: Cambridge University Press.

Baste, V., Oftedal, G., Møllerløkken, O.J., Mild, K.H. & Moena, B.E. (2015). Prospective study of pregnancy outcomes after parental cell phone exposure. *Epidemiology, 26*(4), 613–621. https://doi.org/10.1097/EDE.0000000000000293

Bates, A., Hobman, T. & Bell, B. T. (2020). „Let me do what I please with it ... Don't decide my identity for me": LGBTQ+ youth experiences of social media in narrative identity development. *Journal of Adolescent Research, 35*(1), 51–83. https://doi.org/10.1177/0743558419884700

Bates, C.F. (2015). „I am a waste of breath, of space, of time" Metaphors of self in a pro-anorexia group. *Qualitative Health Research, 25*(2), 189–204. https://doi.org/10.1177/1049732314550004

Batthyány, D., Müller, K.W., Benker, F. & Wölfling, K. (2009). Computerspielverhalten: Klinische Merkmale von Abhängigkeit und Missbrauch bei Jugendlichen. *Wiener Klinische Wochenschrift, 121*(15), 502–509. https://doi.org/10.1007/s00508-009-1198-3

Batthyány, D. & Pritz, A. (2009). *Rausch ohne Drogen. Substanzungebundene Süchte.* Wien: Springer. https://doi.org/10.1007/978-3-211-93961-1

Bauernschuster, S., Falck, O. & Wößmann, L. (2011). Surfing alone? The internet and social capital: Evidence from an unforeseen technological mistake *(SOEP papers on Multidisciplinary Panel Data Research 392)*. Berlin: The German Socio-Economic Panel (SOEP). https://doi.org/10.2139/ssrn.1863069

Bauernschuster, S., Falck, O. & Woessmann, L. (2014). Surfing alone? The Internet and social capital: Evidence from an unforeseeable technological mistake. *Journal of Public Economics, 117*, 73–89. https://doi.org/10.1016/j.jpubeco.2014.05.007

Baumgartner, P., Brandhofer, G., Gradinger, P. & Korte, M. (2016). Medienkompetenz fördern – Lehren und Lernen im digitalen Zeitalter. *Die österreichische Volkshochschule, 259*, 67. Verfügbar unter: https://magazin.vhs.or.at/magazin/2016-2/259-november-2016/schwerpunkt-digitale-kompetenzen-medienkompetenz/medienkompetenz-foerdern-lehren-und-lernen-im-digitalen-zeitalter/

Bayer, J.B., Ellison, N.B., Schoenebeck, S.Y. & Falk, E.B. (2016). Sharing the small moments: Ephemeral social interaction on Snapchat. *Information, Communication & Society, 19*(7), 956–977. https://doi.org/10.1080/1369118X.2015.1084349

Bering, R. & Eichenberg, C. (Hrsg.). (2021). *Die Psyche in Zeiten der Corona-Krise. Herausforderungen und Lösungsansätze für Psychotherapeuten und soziale Helfer* (3. Aufl.). Stuttgart: Klett-Cotta.

Beutel, M.E., Hoch, C., Wölfling, K. & Müller, K.W. (2011). Klinische Merkmale der Computerspiel- und Internetsucht am Beispiel der Inanspruchnehmer einer Spielsuchtambulanz. *Zeitschrift für Psychosomatische Medizin und Psychotherapie, 57*(1), 77–90. https://doi.org/10.13109/zptm.2011.57.1.77

Bischof, G., Bischof, A., Meyer, C., John, U. & Rumpf, H.J. (2013). *Prävalenz der Internetabhängigkeit – Diagnostik und Risikoprofile (PINTA-DIARI)* (Kompaktbericht an das Bundesministerium für Gesundheit). Lübeck: Universität zu Lübeck, Klinik für Psychiatrie und Psychotherapie.

Bitkom Research. (2014). *Cybermobbing trifft viele Jugendliche.* Zugriff am 13.04.2018 unter: https://www.pressebox.de/pressemitteilung/bitkom-bundesverband-informationswirtschaft-telekommunikation-und-neue-medien-ev/Cybermobbing-trifft-viele-Jugendliche/boxid/702918

Bogen, K. W. & Orchowski, L. M. (2021). A geospatial analysis of disclosure of and social reactions to sexual victimization on Twitter using #MeToo. *Women & Therapy, 44*(3–4), 374–390. https://doi.org/10.1080/02703149.2021.1961449

Bopp, M. (2005). Immersive Didaktik: Verdeckte Lernhilfen und Framingprozesse in Computerspielen. *Kommunikation @ Gesellschaft, 6*, 1–17. https://d-nb.info/1191925285/34

Briken, P., Hill, A. & Berner, W. (2006). Pornographie im Internet – Ersatz oder Anreiz für sexuelle Gewalt? In Stiftung Deutsches Forum für Kriminalprävention (Hrsg.), *Internet-Devianz* (S. 113–135). Berlin: Stiftung Deutsches Forum für Kriminalprävention. Verfügbar unter: www.kriminalpraevention.de/files/DFK/dfk-publikationen/2006_internet-devianz-finalweb.pdf

Brzozowska, I. & Sikorska, I. (2016). Wpływ telewizji na rozwój poznawczy dzieci poniżej 3. roku życia. Przegląd badań [Potential effects of screen media on cognitive development among children under 3 years old: Review of literature]. *Developmental Period Medicine, 20*(1), 75.

Buhi, E., Daley, E., Oberne, A., Smith, S. A., Schneider, T. & Fuhrmann, H. J. (2011). Quality and accuracy of sexual health information web sites visited by young people. *Journal of Adolescent Health, 47*, 206–208. https://doi.org/10.1016/j.jadohealth.2010.01.002

Bühring, P. (2016). Internetnutzung von Kindern und Jugendlichen: Eltern setzen kaum Grenzen. *Ärzteblatt, Ausgabe PP, 15*, 20. Verfügbar unter: https://www.aerzteblatt.de/archiv/173520/Internetnutzung-von-Kindern-und-Jugendlichen-Eltern-setzen-kaum-Grenzen

Bundesministerium für Familie, Senioren, Frauen und Jugend (BMFSFJ). (Hrsg.). (2011). *Geflimmer im Zimmer*. Verfügbar unter: https://www.bmfsfj.de/bmfsfj/service/publikationen/geflimmer-im-zimmer-86432

Bundesministerium für Familie, Senioren, Frauen und Jugend (BMFSFJ). (Hrsg.). (2013). *Medienkompetenzförderung für Kinder und Jugendliche*. Verfügbar unter: https://www.gmk-net.de/wp-content/uploads/2018/07/medienkompetenzbericht_2013.pdf

Bundesministerium für Gesundheit. (Hrsg.). (2014). *Versandhandel mit Arzneimitteln*. Zugriff am 03.08.2017 unter: www.bmg.bund.de/krankenversicherung/arzneimittelversorgung/versandhandel-mit-arzneimitteln.html

Bundeszentrale für gesundheitliche Aufklärung. (Hrsg.). (2011). *Standards für die Sexualaufklärung in Europa*. Verfügbar unter: https://www.bzga-whocc.de/file www.bmg.bund.de/krankenversicherung/arzneimittelversorgung/versandhandel-mit-arzneimitteln.html admin/user_upload/BZgA_Standards_German.pdf

Bundeszentrale für gesundheitliche Aufklärung. (Hrsg.). (2014). *Glücksspielverhalten und Glücksspielsucht in Deutschland. Ergebnisse der Surveys 2013 und Trends*. Köln: Bundeszentrale für gesundheitliche Aufklärung.

Caplan, S. E. (2007). Relations among loneliness, social anxiety, and problematic internet use. *CyberPsychology & Behavior, 10*(2), 234–242. https://doi.org/10.1089/cpb.2006.9963

Cauberghe, V., Van Wesenbeeck, I., De Jans, S., Hudders, L. & Ponnet, K. (2021). How adolescents use social media to cope with feelings of loneliness and anxiety during COVID-19 lockdown. *Cyberpsychology, Behavior, and Social Networking, 24*(4), 250–257. https://doi.org/10.1089/cyber.2020.0478

Cerutti, R., Presaghi, F., Spensieri, V., Valastro, C. & Guidetti, V. (2016). The potential impact of internet and mobile use on headache and other somatic symptoms in adolescence. A population-based cross-sectional study. *Headache: The Journal of Head and Face Pain, 56*(7), 1161–1170. https://doi.org/10.1111/head.12840

Charteris, J., Gregory, S., Masters, Y., Maple, M. & Kennedy, A. (2016). Snapchat at school – „Now you see it ...": Networked affect – cyber bullying, harassment and sexting. In S. Barker, S. Dawson, A. Pardo & C. Colvin (Eds.), *Show me the Learning. Proceedings ASCILITE 2016 Adelaide* (pp. 111–115). Retrieved from https://2016conference.ascilite.org/wp-content/uploads/ascilite2016_charteris_concise.pdf

Chiang, Y.T., Lin, S.S.J., Cheng, C.-Y. & Liu, E.Z.F. (2011). Exploring online game players' flow experiences and positive affect. *TOJET: The Turkish Online Journal of Educational Technology, 10*(1), 106–114.

Chiu, C.T., Chang, Y.H., Chen, C.C., Ko, M.C. & Li, C.Y. (2015). Mobile phone use and health symptoms in children. *Journal of the Formosan Medical Association, 114*(7), 598–604. https://doi.org/10.1016/j.jfma.2014.07.002

Cho, H., Li, P., Ngien, A., Tan, M. G., Chen, A. & Nekmat, E. (2023). The bright and dark sides of social media use during COVID-19 lockdown: Contrasting social media effects through social liability vs. social support. *Computers in Human Behavior, 146*, 107795. https://doi.org/10.1016/j.chb.2023.107795

Coureau, G., Bouvier, G., Lebailly, P., Fabbro-Peray, P., Gruber, A., Leffondre, K. et al. (2014). Mobile phone use and brain tumours in the CERENAT case-control study. *Occupational and Environmental Medicine, 71*, 514–522. https://doi.org/10.1136/oemed-2013-101754

Craig, S. L., Eaton, A. D., McInroy, L. B., Leung, V. W. Y. & Krishnan, S. (2021). Can social media participation enhance LQBTQ+ youth well-being? Development of the social media benefits scale. *Social Media + Society, 7*(1), 1–13. https://doi.org/10.1177/2056305121988931

Csikszentmihalyi, M. (1996). *Flow and the Psychology of Discovery and Invention.* New York: Harper Collins.

Custers, K. (2015). The urgent matter of online pro-eating disorder content and children: Clinical practice. *European Journal of Pediatrics, 174*, 429–433. https://doi.org/10.1007/s00431-015-2487-7

D'Errico, F. & Papapicco, C. & Lamanna, I. (2022). Adolescents' Vulnerability to Fake News and to Racial Hoaxes: A Qualitative Analysis on Italian Sample. *Multimodal Technologies and Interaction*, *6*(20). https://doi.org/10.3390/mti6030020

Deutsche Gesellschaft für Psychiatrie und Psychotherapie, Psychosomatik und Nervenheilkunde e. V. (DGPPN) (2016). *Verhaltenssüchte und ihre Folgen: Prävention, Diagnostik und Therapie.* Verfügbar unter: https://www.dgppn.de/presse/stellungnahmen/stellungnahmen-2016/verhaltenssuechte.html

Dooley, J.J., Shaw, T. & Cross, D. (2012). The association between the mental health and behavioural problems of students and their reactions to cyber-victimization. *European Journal of Developmental Psychology, 9*, 275–289. https://doi.org/10.1080/17405629.2011.648425

Döring, N. (2000). Identität + Internet=Virtuelle Identität. *Forum Medienethik, 2*, 65–75.

Döring, N. (2008). Psychische Folgen der Internetnutzung. In Bundeszentrale für politische Bildung (Hrsg.), *Neue Medien – Internet und Kommunikation* (Aus Politik und Zeitgeschichte, Ausgabe 39, S. 41–46). Bonn: bpb. Verfügbar unter: https://www.bpb.de/apuz/30972/psychische-folgen-der-internetnutzung?p=all

Döring, N. (2013). Wie Medienpersonen Emotionen und Selbstkonzept der Mediennutzer beeinflussen. In W. Schweiger & A. Fahr (Hrsg.), *Handbuch Medienwirkungsforschung* (S. 295–310). Berlin: Springer.

Downs, E. & Smith, S.L. (2010). Keeping abreast of hypersexuality: A video game character content analysis. *Sex Roles, 62*(11–12), 721–733. https://doi.org/10.1007/s11199-009-9637-1

Dreier, M., Tzavela, E., Wölfling, K., Mavromati, F., Duven, E., Karakitsou, C. et al. (2013). The developement of adaptive and maladaptive patterns of internet use among European adolescents at risk for internet addictive behaviors: A grounded theory inquiry. *European Psychiatry, 28*(Suppl. 1), 1653. Verfügbar unter: https://www.rha.is/static/files/Rannsoknir/2016/eu-net-adb_d5 20130930_final.pdf https://doi.org/10.1016/S0924-9338(13)76643-4

Drzał-Grabiec, J., Snela, S., Rykała, J., Podgórska, J. & Rachwal, M. (2015). Effects of the sitting position on the body posture of children aged 11 to 13 years. *Work, 51*(4), 855–862. https://doi.org/10.3233/WOR-141901

Ebeling-Witte, S., Frank, M.L. & Lester, D. (2007). Shyness, internet use, und personality. *CyberPsychology & Behavior, 10*(5), 713–716. https://doi.org/10.1089/cpb.2007.9964

Ebert, L., Klingler, W., Karg, U. & Rathgeb, T. (2012). FIM-Studie: Mediennutzung im Familienkontext. Ergebnisse der Studie Familie, Interaktion & Medien. *Media Perspektiven, 4*, 189–202.

Ehlers, N. & Eichenberg, C. (2017). „Wenn hungern sportlich ist …“ Anorexia athletica aus der Perspektive von TrainerInnen im Leistungssport. *SFU Forschungsbulletin, 5*(2), 63–81.

Eibl-Eibesfeld, I. (1984). *Die Biologie des menschlichen Verhaltens – Grundriß der Humanethologie.* München: Piper.

Eichenberg, C. (2004). Spezifika der therapeutischen Beziehung im Online-Setting. *Psychotherapie im Dialog, 4*, 393–396. https://doi.org/10.1055/s-2004-828525

Eichenberg, C. (2007). Online-Sexualberatung: Wirksamkeit und Wirkweise. *Zeitschrift für Sexualforschung, 20*, 247–262. https://doi.org/10.1055/s-2007-981238

Eichenberg, C. (2008). Internet message boards for suicidal people: A typology of users. *CyberPsychology & Behavior, 11*, 107–113. https://doi.org/10.1089/cpb.2007.9924

Eichenberg, C. (2009). Selbstverletzendes Verhalten. Diagnostik, Therapie und Selbsthilfe. *Pädiatrische Praxis, 4*, 731–740.

Eichenberg, C. (2010). Empirische Befunde zu Suizidforen im Internet. *Suizidprophylaxe, 37*(141), 67–74.

Eichenberg, C. (2012). Gesundheitsängste und Internet. In H.-W. Hoefert & C. Klotter (Hrsg.), *Gesundheitsängste* (S. 239–263). Lengerich: Pabst Science Publishers.

Eichenberg, C. (2013). Hohe psychopathologische Belastung. *Deutsches Ärzteblatt, Ausgabe PP, 12*(10), 466–467.

Eichenberg, C. (2014). Online-Foren für junge Menschen mit selbstschädigenden Problematiken: Pro-Ana-Blogs, Suizid-Boards und Foren zu selbstverletzendem Verhalten. In T. Porsch & S. Pieschl (Hrsg.), *Neue Medien und deren Schatten* (S. 245–274). Göttingen: Hogrefe.

Eichenberg, C. (2017). Effekte von Onlineselbstdiagnosen. *Deutsches Ärzteblatt, Ausgabe PP, 15*(2), 81–82.

Eichenberg, C. & Auersperg, F. (2014). Sexuelle Belästigung im Internet. In T. Porsch & S. Pieschl (Hrsg.), *Neue Medien und deren Schatten* (S. 159–190). Göttingen: Hogrefe.

Eichenberg, C. & Bendas, C. (2017). Moderne Mediennutzung: Popkultur und klinisches Phänomen. *Deutsches Ärzteblatt, Ausgabe PP, 1*, 30–32.

Eichenberg, C. & Blokus, G. (2010). Cybersexsucht: Epidemiologie, Diagnostik, Ätiologie und Therapie – Ein Überblick zum Stand der Forschung. *Psychologie in Österreich, 2/3*, 142–154.

Eichenberg, C., Brähler, E. & Hoefert, H.-W. (Hrsg.). (2017). *Selbstbehandlung und Selbstmedikation – medizinische und psychologische Aspekte*. Göttingen: Hogrefe. https://doi.org/10.1026/02688-000

Eichenberg, C., Dyba, J. & Schott, M. (2017). Bindungsprofile, Nutzungsmotive und Internetsucht. *Psychiatrische Praxis, 1*, 41–46. https://doi.org/10.1055/s-0041-110025

Eichenberg, C., Feige, S.-C. & Schneider, R. (2022, Juni). *(Re-)Traumatisiert das Setzen eines MeToo-Hashtags nach sexuellem Missbrauch? Eine Online- Befragungsstudie*. Vortrag auf dem Deutschen Kongress für Psychosomatische Medizin und Psychotherapie, Berlin.

Eichenberg, C., Flümann, A. & Hensges, K. (2011). Pro-Ana-Foren im Internet: Befragungsstudie ihrer Nutzerinnen. *Psychotherapeut, 6*, 492–500. https://doi.org/10.1007/s00278-011-0861-0

Eichenberg, C. & Huss, J. (2023). *Trauma und digitale Medien. Therapiemöglichkeiten und Risiken*. Stuttgart: Klett-Cotta.

Eichenberg, C., Huss, J. & Küsel, C. (2017). From online dating to online divorce: An overview of couple and family relationships shaped through digital media.

Contemporary Family Therapy, 39(4), 249–260. https://doi.org/10.1007/s10591-017-9434-x

Eichenberg, C. & Kühne, S. (2014). *Einführung Onlineberatung und -therapie.* München: UTB.

Eichenberg, C., Küsel, C. & Sindelar, B. (2016). Computerspiele im Kindes- und Jugendalter: Geschlechtsspezifische Unterschiede in der Präferenz von Spiel-Genres, Spielanforderungen und Spielfiguren und ihre Bedeutung für die Konzeption von Serious Games. Merz. *Medien + Erziehung, Zeitschrift für Medienpädagogik, 6*, 97–109.

Eichenberg, C. & Malberg, D. (2011). Internet und sexuelle Gewalt: Zwischen Hilfsangebot und virtuellen Übergriffen. *Zeitschrift für Psychotraumatologie, Psychotherapiewissenschaft, Psychologische Medizin, 9*(1), 177–190.

Eichenberg, C. & Marx, S. (2014). Therapeutischer Einsatz von Computerspielen. *Deutsches Ärzteblatt, Ausgabe PP, 2*, 66–68.

Eichenberg, C., Roffler, R. & Wutka, B. (2011). Internet und Selbsthilfe im Jugendalter: Potenziale und Gefahren aus psychologischer Perspektive. *Zeitschrift für Psychotraumatologie, Psychotherapiewissenschaft und Psychologische Medizin, 9*(4), 67–81.

Eichenberg, C. & Schott, M. (2017). Serious games for psychotherapy: A systematic review. *Games for Health, 3*, 127–135. https://doi.org/10.1089/g4h.2016.0068

Europäisches Verbraucherzentrum Österreich. (Hrsg.). (2015). *Internetapotheken.* Verfügbar unter: https://europakonsument.at/de/page/internetapotheken

Exelmans, L. & Van den Bulck, J. (2016). Bedtime mobile phone use and sleep in adults. *Social Science & Medicine, 148*, 93–101. https://doi.org/10.1016/j.socscimed.2015.11.037

Eyvazlou, M., Zarei, E., Rahimi, A. & Abazari, M. (2016). Association between overuse of mobile phones on quality of sleep and general health among occupational health and safety students. *Chronobiology International, 33*(3), 293–300. https://doi.org/10.3109/07420528.2015.1135933

Feierabend, S., Karg, U. & Rathgeb, T. (2013). *JIM-Studie 2013. Jugend, Information, (Multi-)Media. Basisstudie zum Medienumgang* 12- *bis* 19-*Jähriger in Deutschland.* Stuttgart: Medienpädagogischer Forschungsverbund Südwest. Verfügbar unter: https://www.mpfs.de/fileadmin/files/Studien/JIM/2013/JIM_Studie_2013.pdf

Feierabend, S., Karg, U. & Rathgeb, T. (2014). Mediennutzung von Jugendlichen: Zentrale Ergebnisse der JIM-Studie 2012. In T. Porsch & S. Pieschl (Hrsg.), *Neue Medien und deren Schatten* (S. 29–51). Göttingen: Hogrefe.

Feierabend, S., Rathgeb, T., Kheredmand, H. & Glöckler, S. (2022a). *JIM-Studie 2022.* Verfügbar unter: https://www.mpfs.de/fileadmin/files/Studien/JIM/2022/JIM_2022_Web_final.pdf

Feierabend, S., Rathgeb,T., Kheredmand,H. & Glöckler,S. (2022b). *KIM-Studie 2022.* Verfügbar unter: https://www.mpfs.de/fileadmin/files/Studien/KIM/2022/KIM-Studie2022_website_final.pdf

Festinger, L., Riecken, H. W. & Schachter, S. (2009). *When Prophecy Fails*. Mansfield: Martino Publishing.

Fischer, G. & Riedesser, P. (2009). *Lehrbuch der Psychotraumatologie* (4. Aufl.). München: Ernst Reinhard.

Fleming, T. M., Bavin, L., Stasiak, K., Hermansson-Webb, E., Merry, S. N., Cheek, C. et al. (2017). Serious games and gamification for mental health: Current status and promising directions. *Frontiers in Psychiatry, 7*, 215. https://doi.org/10.3389/fpsyt.2016.00215

Fleming, T., Cheek, C., Merry, S., Thabrew, H., Bridgman, H., Stasiak, K. et al. (2014). Serious games for the treatment or prevention of depression: A systematic review. *Revista de Psicopatologia y Psicologia Clinica, 19*, 227–242.

FLIMMO. (Hrsg.). (2016). *Wie informieren sich Kinder über das Thema Flucht?* München: JFF – Institut für Medienpädagogik. Zugriff am 10.06.2024. Verfügbar unter: www.schau-hin.info/fileadmin/content/Downloads/Sonstiges/FLIMMO_Kinderbefragung_2016.pdf

Fox, J. & Tokunaga, R. S. (2015). Romantic partner monitoring after breakups: Attachment, dependence, distress, and post-dissolution online surveillance via social networking sites. *Cyberpsychology, Behavior, and Social Networking, 18*, 491–498. https://doi.org/10.1089/cyber.2015.0123

FRA European Union Agency for Fundamental Rights. (2012). *Annual Report 2012. Fundamental Rights: Challenges and Achievements in 2012*. Retrieved from https://fra.europa.eu/sites/default/files/annual-report-2012_en.pdf

Fredlund, C., Svedin, C. G., Priebe, G., Jonsson, L. & Wadsby, M. (2017). Self-reported frequency of sex as self-injury (SASI) in a national study of Swedish adolescents and association to sociodemographic factors, sexual behaviors, abuse and mental health. *Child and adolescent psychiatry and mental health, 11*, 9. https://doi.org/10.1186/s13034-017-0146-7

Freud, S. (2010). *Jenseits des Lustprinzips/Massenpsychologie und Ich-Analyse/Das Ich und das Es. Und andere Werke aus den Jahren* 1920–*1924* (Gesammelte Werke, Bd. 13). Frankfurt: Fischer.

Füllgrabe, U. (2001). Stalking: Eine neue Form des Psychoterrors. *Kriminalistik, 55*(3), 163–167.

Gallagher, R. J., Stowell, E., Parker, A. G. & Foucault Welles, B. (2019). Reclaiming stigmatized narratives: The networked disclosure landscape of #MeToo. *Proceedings of the ACM on Human-Computer Interaction, 3*(CSCW), 1–30. https://doi.org/10.1145/3359198

Gansen, D. & Aretz, W. (2010). Kaufsucht im Internet – Hypothesenprüfung und Modellexploration zur Klärung von Ursachen und Auslösern pathologischen Kaufverhaltens. *Journal of Business and Media Psychology, 1*, 25–38.

Gentile, D. A., Choo, H., Liau, A., Sim, T., Li, D., Fung, D. & Khoo, A. (2011). Pathological video game use among youths: A two-year longitudinal study. *Pediatrics, 127*(2), e319–e329. https://doi.org/10.1542/peds.2010-1353

Gentile, D.A., Li, D., Khoo, A., Prot, S. & Anderson, C.A. (2014). Mediators and moderators of long-term effects of violent video games on aggressive behavior: Practice, thinking, and action. *JAMA Pediatrics, 168*(5), 450–457. https://doi.org/10.1001/jamapediatrics.2014.63

Glaser, S., Günter, T., Höhler, L., Schindler, F. & Wittstadt, H. (2010). *Jugendschutz im Internet. Ergebnisse der Recherchen und Kontrollen. Bericht 2010.* Mainz: Jugendschutz.net. Zugriff am 06.06.2017. Verfügbar unter: http://www.jugendschutz.net/fileadmin/download/pdf/bericht2010.pdf.

Gollwitzer, P. M., Bayer, U. C. & Wicklund, R. A. (2002). Das handelnde Selbst: Symbolische Selbstergänzung als zielgerichtete Selbstentwicklung. In D. Frey (Hrsg.), *Zentrale Theorien der Sozialpsychologie* (S. 191–212). Bern: Huber.

Gopinath, B., Baur, L.A., Wang, J.J., Hardy, L.L., Teber, E., Kifley, A. et al. (2011). Influence of physical activity and screen time on the retinal microvasculature in young children. *Arteriosclerosis, Thrombosis, and Vascular Biology, 31*(5), 1233–1239. https://doi.org/10.1161/ATVBAHA.110.219451

Greitemeyer, T. & Mügge, D.O. (2014). Video games do affect social outcomes a meta-analytic review of the effects of violent and prosocial video game play. *Personality and Social Psychology Bulletin, 40*(5), 578–589. https://doi.org/10.1177/0146167213520459

Großegger, B. & Zentner, M. (2008). *Computerspiele im Alltag Jugendlicher. Gamer-Segmente und Gamer-Kulturen in der Altersgruppe der* 11- *bis* 18-*Jährigen* [Interner Bericht]. Wien: Institut für Jugendkulturforschung und BMGFJ.

Guxens, M., Vermeulen, R., van Eijsden, M., Beekhuizen, J., Vrijkotte, T.G. & van Strien, R.T. (2016). Outdoor and indoor sources of residential radiofrequency electromagnetic fields, personal cell phone and cordless phone use, and cognitive function in 5–6 years old children. *Environmental Research, 150*, 364–374. https://doi.org/10.1016/j.envres.2016.06.021

Habermas, T. (1996). *Geliebte Objekte: Symbole und Instrumente der Identitätsbildung*. Berlin: De Gruyter. https://doi.org/10.1515/9783110819151

Herzig, B. (2014). *Wie wirksam sind digitale Medien im Unterricht?* Gütersloh: Bertelsmann. Verfügbar unter: https://www.bertelsmann-stiftung.de/fileadmin/files/BSt/Publikationen/GrauePublikationen/Studie_IB_Wirksamkeit_digitale_Medien_im_Unterricht_2014.pdf

Hill, A. (2011). Sexualität in Zeiten des Internet. *Psychotherapeut, 56*(6), 475–484. https://doi.org/10.1007/s00278-011-0866-8

Hinduja, S. & Patchin, J.W. (2010). Bullying, cyberbullying, and suicide. *Archives of Suicide Research, 14*, 206–221. https://doi.org/10.1080/13811118.2010.494133

Hjärthag, F. (2015). The forum as a friend: Parental mental illness and communication on open Internet forums. *Social Psychiatry and Psychiatric Epidemiology, 50*(10), 1601–1607. https://doi.org/10.1007/s00127-015-1036-z

Hoffmann, B. (2013). Medienkompetenz von Eltern im System Familie. In Bundesministerium für Familie, Senioren, Frauen und Jugend (Hrsg.), *Medienkom-*

petenzförderung für Kinder und Jugendliche (S. 71–83). Berlin: Bundesministerium für Familie, Senioren, Frauen und Jugend.

Hoffmann, J. (2006). *Stalking*. Berlin: Springer.

Hornby, G. (2016). Bullying: An ecological approach to intervention in schools. *Preventing School Failure: Alternative Education for Children and Youth, 60*, 222–230. https://doi.org/10.1080/1045988X.2015.1086969

Huss, A., van Eijsden, M., Guxens, M., Beekhuizen, J., van Strien, R., Kromhout, H. et al. (2015). Environmental radiofrequency electromagnetic fields exposure at home, mobile and cordless phone use, and sleep problems in 7-year-old children. *PloS One, 10*, e0139869. https://doi.org/10.1371/journal.pone.0139869

International Planned Parenthood Federation (IPPF). (2008). *Sexual Rights: An IPPF Declatation*. London: IPPF.

Juarez, L., Soto, E. & Pritchard, M. E. (2012). Drive for muscularity and drive for thinness: The impact of pro-anorexia websites. *Eating Disorders, 20*, 99–112. https://doi.org/10.1080/10640266.2012.653944

Katzer, C. (2010). Tatort Internet – Sexuelle Gewalt in den neuen Medien: Problemanalyse, Prävention & Intervention. In: Die Kinderschutzzentren (Hrsg.), *Sexualisierte Gewalt an Kindern und Jugendlichen - Ein altes Thema und seine neuen Risiken in der medialen Ära, Berlin*. Zugriff am 10.06.2024. Verfügbar unter: https://www.researchgate.net/publication/259781270_Katzer_C_2010_Tatort_Internet_-_Sexuelle_Gewalt_in_den_neuen_Medien_Problemanalyse_Pravention_Intervention_In_Die_Kinderschutzzentren_Hrsg_Sexualisierte_Gewalt_an_Kindern_und_Jugendlichen_-_Ein_altes_

Katzer, C. (2011). Das Internet als Tatort: Cyberbullying und sexuelle Gewalt – Wer sind die Täter, wer wird zu Opfern? In Landesstelle Jugendschutz Niedersachsen (Hrsg.), *Cybermobbing- Medienkompetenz trifft Gewaltprävention*. Hannover: Landesstelle Jugendschutz Niedersachsen.

Katzer, C. & Fetchenhauer, D. (2007). Cyberbullying: Aggression und sexuelle Viktimisierung in Chatrooms. In M. Gollwitzer, J. Pfetsch, V. Schneider, A. Schulz, T. Steffke & C. Ulrich (Hrsg.), *Gewaltprävention bei Kindern und Jugendlichen* (S. 123–138). Göttingen: Hogrefe.

Kelly, D., Nic Giolla Easpaig, B. & Castillo, P. (2023). „You game like a girl“: Perceptions of gender and competence in gaming. *Games and Culture, 18*(1), 62–78. https://doi.org/10.1177/15554120221077730

Khanna, M.S. & Kendall, P.C. (2010). Computer-assisted cognitive behavioral therapy for child anxiety: Results of a randomized clinical trial. *Journal of Consulting and Clinical Psychology, 78*(5), 737. https://doi.org/10.1037/a0019739

Klaps, A., Ponocny, I., Winker, R., Kundi, M., Auersperg, F. & Barth, A. (2016). Mobile phone base stations and well-being – A meta-analysis. *Science of the Total Environment, 544*, 24–30. https://doi.org/10.1016/j.scitotenv.2015.11.009

Klingler, W. (2008). Jugendliche und ihre Mediennutzung 1998 bis 2008. *Media Perspektiven, 12*(2008), 625–634.

Klinger, S., Mayr, A., & Sackl-Sharif, S. (2022). Digitalization of Social Work Practice: Contrasting Service Structures and Target Groups. *Forum Qualitative Sozialforschung Forum: Qualitative Social Research, 23*(2). https://doi.org/10.17169/fqs-22.2.3851

Knoll, B., Fitz, B., Posch, P. & Sattlegger, L. (2014). *Ich im Netz. Selbstdarstellung von weiblichen und männlichen Jugendlichen in sozialen Netzwerken* (Bericht zum Forschungsprojekt „imaGE 2.0. Selbstdarstellung und Image-Management von weiblichen und männlichen Jugendlichen in digitalen Medien"). Wien: Büro für nachhaltige Kompetenz. Verfügbar unter: https://www.b-nk.at/wp-content/uploads/2021/07/B-NK-2014-Ich_im_Netz_Bericht.pdf

Kostyrka-Allchorne, K., Cooper, N. R., Gossmann, A. M., Barber, K. J. & Simpson, A. (2017). Differential effects of film on preschool children's behaviour dependent on editing pace. *Acta Paediatrica, 106*(5), 831–836. https://doi.org/10.1111/apa.13770

Kozma, R. (2003). Innovative technology integration practices from around the world. *Learning and Leading with Technologies, 31*(2), 6–9.

Kozma, R. & McGhee, R. (2003). ICT and innovative classroom practices. In R. Kozma (Ed.), *Technology, Innovation, and Educational Change: A Global Perspective* (pp. 40–80). Eugene: Int. Society for Techn. in Education (ISTE).

Krämer, N. C. & Haferkamp, N. (2011). Online self-presentation. Balancing privacy concerns and impression construction on social networking sites. In S. Trepte & L. Reinecke (Eds.), *Privacy Online. Perspectives on Privacy and Self-Disclosure in the Social Web* (pp. 127–142). Berlin: Springer. https://doi.org/10.1007/978-3-642-21521-6_10

Krebs, L., Müller, K., Wölfling, K. & Beutel, M. (2009, September). *Familiäre Funktionsmuster in Familien mit einem exzessiv computerspielenden Jugendlichen*. Poster vorgestellt auf dem Kongress der deutschen Gesellschaft für medizinische Psychologie (DGMP), Göttingen.

Ladas, M. (2002). *Brutale Spiele(r)? Wirkung und Nutzung von Gewalt in Computerspielen*. Bern: Lang.

Lamba, H., Bharadhwaj, V., Vachher, M., Agarwal, D., Arora, M. & Kumaraguru, P. (2016). *Me, Myself and My Killfie: Characterizing and Preventing Selfie Deaths.* Verfügbar unter: https://www.researchgate.net/publication/309738417_Me_Myself_and_My_Killfie_Characterizing_and_Preventing_Selfie_Deaths

Lee, W. K. (2016). Psychological characteristics of self-harming behavior in Korean adolescents. *Asian Journal of Psychiatry, 23*, 119–124. https://doi.org/10.1016/j.ajp.2016.07.013

Lehenbauer, M. & Stetina, B. U. (2009). Interaktive Programme und virtuelle Simulationen. In S. Kühne & G. Hintenberger (Hrsg.), *Handbuch der Online-Beratung* (S. 155–165). Göttingen: Vandenhoeck & Ruprecht.

Lenhart, A. (2009). Teens and social media: An overview. *New York Department of Health & Mental Hygiene*. Retrieved June 10, 2024, from https://www.pewresearch.org/internet/2009/04/10/teens-and-social-media-an-overview/

Leymann, H. (2002). *Mobbing. Psychoterror am Arbeitsplatz und wie man sich dagegen wehren kann*. Reinbek: Rowohlt.

Lillard, A.S. & Peterson, J. (2011). The immediate impact of different types of television on young children's executive function. *Pediatrics, 128*(4), 644–649. https://doi.org/10.1542/peds.2010-1919

Lind-Krämer, R. (2011). Virtueller Nachruf. www.herolymp.de – Der erste Internetfriedhof für Avatare. Erfahrungen mit einem bundesweit einmaligen Suchtpräventionsprojekt. *Familiendynamik, 36*(1), 81–85.

Lindsay, K. (2022). *Are you sure you're not guilty of the „Millenial Pause"?* Retrieved from https://www.theatlantic.com/technology/archive/2022/08/tiktok-gen-z-millennial-pause-parody/671069/

Liu, Y.X., Li, G.Q., Fu, X.P., Xue, J.H., Ji, S.P., Zhang, Z.W. et al. (2015). Exposure to 3G mobile phone signals does not affect the biological features of brain tumor cells. *BMC Public Health, 8*, 764. https://doi.org/10.1186/s12889-015-1996-7

Lu, A.S., Kharrazi, H., Gharghabi, F. & Thompson, D. (2013). A systematic review of health videogames on childhood obesity prevention and intervention. *Games for Health Journal, 2*(3), 131–141. https://doi.org/10.1089/g4h.2013.0025

Lv, B., Zhou, Z., Xu, G., Yang, D., Wu, L., Shen, Q. et al. (2014). Knowledge, attitudes and practices concerning self-medication with antibiotics among university students in western China. *Tropical Medicine and International Health, 19*, 769–779. https://doi.org/10.1111/tmi.12322

Lynch, T., Tompkins, J.E., van Driel, I.I. & Fritz, N. (2016). Sexy, strong, and secondary: A content analysis of female characters in video games across 31 Years. *Journal of Communication, 66*(4), 564–584. https://doi.org/10.1111/jcom.12237

Machmutow, K., Perren, S., Sticca, F. & Alsaker, F.D. (2012). Peer victimisation and depressive symptoms: Can specific coping strategies buffer the negative impact of cybervictimisation? *Emotional and Behavioral Difficulties, 17*(3–4), 403–420. https://doi.org/10.1080/13632752.2012.704310

Malamuth, N.M., Addison, T. & Koss, M. (2000). Pornography and sexual aggression: Are there reliable effects and can we understand them? *Annual Review of Sex Research, 11*(1), 26–91.

Mandl, H., Hense, J. & Kruppa, K. (2004). *Aspekte der zentralen wissenschaftlichen Begleitung im Modellversuchsprogramm SEMIK*. Grünwald: FWU-Institut.

Martinez, J.E., Pereira, G.A., Ribeiro, L.G., Nunes, R., Ilias, D. & Navarro, L.G. (2014). Study of self-medication for musculoskeletal pain among nursing and medicine students at Pontifícia Universidade Católica – São Paulo. *Revista Brasileira de Reumatologia, 54*, 90–94. https://doi.org/10.1016/j.rbre.2014.03.002

McDermott, E. (2015). Asking for help online: Lesbian, gay, bisexual and trans youth, self-harm and articulating the 'failed' self. *Health, 19*(6), 561–577. https://doi.org/10.1177/1363459314557967

Mead, G. (2013). *Geist, Identität und Gesellschaft*. Frankfurt: Suhrkamp.

Meister, D.M. (2013). Vermittlung von Medienkompetenz in der Praxis für Kinder und Jugendliche: Schule. In Bundesministerium für Familien, Senioren, Frauen und Jugend (Hrsg.), *Medienkompetenzförderung für Kinder und Jugendliche* (S. 46–52). Berlin: Bundesministerium für Familien, Senioren, Frauen und Jugend.

Mesch, G.S. (2006). Family characteristics and intergenerational conflicts over the internet. *Information, Communication & Society, 9*, 473–495. https://doi.org/10.1080/13691180600858705

Mohler, E., Frei, P., Fröhlich, J., Braun-Fahrländer, C. & Röösli, M. (2012). Exposure to radiofrequency electromagnetic fields and sleep quality: a prospective cohort study. *PloS ONE, 7*(5), e37455. https://doi.org/10.1371/journal.pone.0037455

Moritz, T. (2001). Bildung und Medienpädagogik im Zeitalter der digitalen Medien: Probleme, Herausforderungen und Perspektiven für Pädagogik, Bildung und Schule in Zeiten von Internet und Telekommunikation. *Medienerziehung, 37*, 51–60. Verfügbar unter: https://www.mediamanual.at/mediamanual/themen/pdf/medien/37_Moritz.pdf

Moscovici, S. (2001). *Social Representations: Essays in Social Psychology*. New York: NYU Press.

Mücken, D. (2009). Computerspielsucht – eine qualitative Interviewstudie zu Symptomatik, Verlauf und Peerbeziehung. *Suchttherapie, 10*, PO22. https://doi.org/10.1055/s-0029-1240454

Nauroth, P., Bender, J., Rothmund, T. & Gollwitzer, M. (2014). Die „Killerspiele"-Diskussion: Wie die Forschung zur Wirkung gewalthaltiger Bildschirmspiele in der Öffentlichkeit wahrgenommen wird. In T. Porsch & S. Pieschl (Hrsg.), *Neue Medien und deren Schatten* (S. 81–100). Göttingen: Hogrefe.

Neuß, N. (2012). *Kinder & Medien: Was Erwachsene wissen sollten*. Seelze: Friedrich Verlag.

Noll, M., Candotti, C.T., Rosa, B.N.D. & Loss, J.F. (2016). Back pain prevalence and associated factors in children and adolescents: An epidemiological population study. *Revista de saude publica, 50*, 31. https://doi.org/10.1590/S1518-8787.2016050006175

Oddone-Paolucci, E., Genius, M. & Violato, C. (2000). A meta-analysis of the published research on the effects of pornography. In C. Violato & E. Oddone-Paolucci (Eds.), *The Changing Family and Child Development* (pp. 48–59). Aldershot: Ashgate Publishing Ltd.

Oerter, R. (2007). Zur Psychologie des Spiels. *Psychologie und Gesellschaftskritik, 31*(4), 7–32.

Oksanen, A., Garcia, D., Sirola, A., Näsi, M., Kaakinen, M., Keipi, T. & Räsänen, P. (2015). Pro-anorexia and anti-pro-anorexia videos on YouTube: Sentiment analysis of user responses. *Journal of Medical Internet Research, 17*, 11. https://doi.org/10.2196/jmir.5007

Österreichisches Bundeskriminalamt. (Hrsg.). (2015). *Suchtmittelbericht*. Verfügbar unter: https://bundeskriminalamt.at/302/files/Web_Suchtmittelbericht_2015_web.pdf

Pagani, L.S., Fitzpatrick, C., Barnett, T.A. & Dubow, E. (2010). Prospective associations between early childhood television exposure and academic, psychosocial, and physical well-being by middle childhood. *Archives of Pediatrics & Adolescent Medicine, 164*(5), 425–431. http://doi.org/10.1001/archpediatrics.2010.50 https://doi.org/10.1001/archpediatrics.2010.50

Pieschl, S. & Porsch, T. (2012). *Schluss mit Cybermobbing! Das Trainings- und Präventionsprogramm „Surf-Fair"*. Weinheim: Beltz.

Pieschl, S. & Porsch, T. (2014). Cybermobbing – mehr als „Ärgern im Internet". In T. Porsch & S. Pieschl (Hrsg.), *Neue Medien und deren Schatten* (S. 133–158). Göttingen: Hogrefe.

Piwek, L. & Joinson, A. (2016). "What do they snapchat about?" Patterns of use in time-limited instant messaging service. *Computers in Human Behavior, 54*, 358–367. https://doi.org/10.1016/j.chb.2015.08.026

Porsch, T. & Pieschl, S. (2014). Cybermobbing unter deutschen Schülerinnen und Schülern: Eine repräsentative Studie zu Prävalenz, Folgen und Risikofaktoren. *Diskurs Kindheits- und Jugendforschung, 9*(1), 7–22. https://doi.org/10.3224/diskurs.v9i1.19080

Prot, S., Gentile, D.A., Anderson, C.A., Suzuki, K., Swing, E., Lim, K.M. et al. (2014). Long-term relations among prosocial-media use, empathy, and prosocial behavior. *Psychological Science, 25*(2), 358–368. https://doi.org/10.1177/0956797613503854

Ravert, R.D., Boren, S.A. & Wiebke, E. (2015). Transitioning through college with diabetes: Themes found in online forums. *Journal of American College Health, 63*(4), 258–267. https://doi.org/10.1080/07448481.2015.1015026

Rehbein, F. (2014). Computerspiel- und Internetabhängigkeit. In T. Porsch & S. Pieschl (Hrsg.), *Neue Medien und deren Schatten* (S. 219–243). Göttingen: Hogrefe.

Rehbein, F., Psych, G., Kleimann, M., Mediasci, G. & Mößle, T. (2010). Prevalence and risk factors of video game dependency in adolescence: Results of a German nationwide survey. *Cyberpsychology, Behavior, and Social Networking, 13*(3), 269–277. https://doi.org/10.1089/cyber.2009.0227

Richmond, K. & Johnson, N. L. (2021). Resistance & recovery in the #MeToo era. *Women & Therapy, 44*(3–4), 241–249. https://doi.org/10.1080/02703149.2021.1961419

Ringrose, J., Gill, R., Livingstone, S. & Harvey, L. (2012). *A qualitative study of children, young people and „sexting"*. London: NSPCC.

Robert Bosch Stiftung. (2023, 11. September). Wofür nutzen Lehrkräfte digitale Tools im Unterricht? [Graph]. In *Statista*. Zugriff am 20. August 2024. Verfügbar unter https://de.statista.com/statistik/daten/studie/1303567/umfrage/umfrage-zur-digitalen-mediennutzung-von-lehrkraeften/

Rosenberg, S. (2013). Cell phones and children: Follow the precautionary road. *Pediatric Nursing, 39*(2), 65.

Rost, K., Stahel, L. & Frey, B. (2016). Digital social norm enforcement: Online firestorms in social media. *PLOS ONE, 11*(6), e0155923. https://doi.org/10.1371/journal.pone.0155923

Rotter, S. & Sindelar, B. (2010). *Vorhang auf fürs Leben! – Theaterpädagogische Spiele und Übungen*. Wien: Verlag für Schule und Wissenschaft.

Runions, K.C. (2013). Toward a conceptual model of motive and self-control in cyber-aggression: Rage, revenge, reward, and recreation. *Journal of Youth and Adolescence, 42*, 751–771. https://doi.org/10.1007/s10964-013-9936-2

Sabina, C., Wolak, J. & Finkelhor, D. (2008). The nature and dynamics of internet pornography exposure for youth. *Cyberpsychology & Behavior, 11*(6), 691–693. https://doi.org/10.1089/cpb.2007.0179

Sagener, N. (2017). *„Maischberger": Thomallas #MeToo-Kritik löst Diskussion aus.* Zugriff am 30.06.2024. Verfügbar unter: https://www.waz.de/kultur/fernsehen/article212849843/maischberger-thomalla-sorgt-mit-meetoo-kritik-fuer-aerger.html

Salmivalli, C., Kärnä, A. & Poskiparta, E. (2011). Counteracting bullying in Finland: The KiVa program and its effects on different forms of being bullied. *International Journal of Behavioral Development, 35*(5), 405–411. https://doi.org/10.1177/0165025411407457

Savage, M.W., Deiss, D.M., Jr., Roberto, A.J. & Aboujaoude, E. (2017). Theory-based formative research on an anti-cyberbullying victimization intervention message. *Journal of Health Communication, 22*, 124–134. https://doi.org/10.1080/10810730.2016.1252818

Schaefberger, M. (2010). *Safer Internet – Qualitative Studie über Chancen und Gefahren von Social Communities.* Zugriff am 10.06.2024. Verfügbar unter: https://www.bmbwf.gv.at/dam/jcr:67d59406-8034-4bb8-854f-8685930d8245/jugendmediengewalt_lf_21071.pdf

Schaumburg, H. (2015). *Chancen und Risiken digitaler Medien in der Schule.* Bertelsmann: Gütersloh.

Schlenker, B.R. & Weigold, M.F. (1992). Interpersonal processes involving impression regulation and management. *Annual Review of Psychology, 43*(1), 133–168. https://doi.org/10.1146/annurev.ps.43.020192.001025

Schmid, G. & Matthiesen, S. (2011). Internetpornografie. Jugendsexualität zwischen Fakten und Fiktionen. In W. Wetterstein (Hrsg.), *SKP Handbuch Jugend und Gewalt* (S. 159–173). Bern: Stämpfli.

Schmitt, K.L., Dayanim, S. & Matthias, S. (2008). Personal homepage construction as an expression of social development. *Developmental Psychology, 44*(2), 496–506. https://doi.org/10.1037/0012-1649.44.2.496

Schneider, B., Fritze, J., Georgi, K. & Grebner, K. (2011). Finden suizidale Suchtkranke Hilfsangebote im Internet? *Der Nervenarzt, 82*, 859–865. https://doi.org/10.1007/s00115-010-2974-z

Schneider, R., Sungler, J. & Eichenberg, C. (2023, Dezember). *Psychische Belastung durch Sexismus in Online-Games*. Vortrag auf dem DGPPN-Kongress, Berlin.

Schnepf, G. (2012). *Präventive Methoden gegen Cyberstalking* (Unveröffentlichte Bachelorarbeit). Technische Universität Wien. Verfügbar unter: https://www.law.tuwien.ac.at/bach_schnepf_final.pdf

Schorb, B. & Wagner, U. (2013). Medienkompetenz – Befähigung zur souveränen Lebensführung in einer mediatisierten Gesellschaft. In Bundesministerium für Familie, Senioren, Frauen und Jugend (Hrsg.), *Medienkompetenzförderung für Kinder und Jugendliche – Eine Bestandsaufnahme* (S. 18–23). Verfügbar unter: https://www.gmk-net.de/wp-content/uploads/2018/07/medienkompetenzbericht_2013.pdf

Schulte-Markwort, M., Plaß, A. & Barkmann, C. (2002). Internet und familiäre Beziehungen. In W. Hantel-Quitmann & P. Kastner (Hrsg.), *Die Globalisierung der Intimität* (S. 179–191). Gießen: Psychosozial-Verlag.

Shen, N., Levitan, M. J., Johnson, A., Bender, J. L., Hamilton-Page, M., Jadad, A. A. & Wiljer, D. (2015). Finding a depression app: A review and content analysis of the depression app marketplace. *JMIR Mhealth Uhealth. 16;3*(1), e16. https://doi.org/10.2196/mhealth.3713

Shutzman, B. & Gershy, N. (2023). Children's excessive digital media use, mental health problems and the protective role of parenting during COVID-19. *Computers in Human Behavior, 139,* 107559. https://doi.org/10.1016/j.chb.2022.107559

Sitzer, P., Marth, J., Kocik, C. & Müller, K. N. (2012). *Ergebnisbericht der Online-Studie Cyberbullying bei Schülerinnen und Schülern*. Verfügbar unter: https://pub.uni-bielefeld.de/record/2515055

Smith, J., Schneider, B. H., Smith, P. K. & Ananiadou, K. (2004). The effectiveness of whole-school antibullying programs: A synthesis of evaluation research. *School Psychology Review, 33*, 547–560. https://doi.org/10.1080/02796015.2004.12086267

Smith, P. K., Mahdavi, J., Carvalho, M., Fisher, S., Russell, S. & Tippett, N. (2008). Cyberbullying: Its nature and impact in secondary school pupils. *Journal of Child Psychology and Psychiatry, 49*, 376–385. https://doi.org/10.1111/j.1469-7610.2007.01846.x

Smith, S. (2012). *Study of self-generated sexual explicit images & videos featuring young people online.* Verfügbar unter: https://www.iwf.org.uk/media/j5wphscw/iwf_study_self_generated_content_online_011112.pdf

Smith-Darden, J. P., Reidy, D. E. & Kernsmith, P. D. (2016). Adolescent stalking and risk of violence. *Journal of Adolescence, 52*, 191–200. https://doi.org/10.1016/j.adolescence.2016.08.005

Sonnenmoser, M. (2013). Selbstverletzendes Verhalten bei Jugendlichen: Hohe Anforderungen an die Therapie. *Deutsches Ärzteblatt, Ausgabe PP, 12*, 414–415. Verfügbar unter: https://www.aerzteblatt.de/archiv/145578/Selbstverletzendes-Verhalten-bei-Jugendlichen-Hohe-Anforderungen-an-die-Therapie

Der Spiegel. (2022). *Tote Ärztin wird in „Querdenker"-Gruppen verhöhnt.* Verfügbar unter: https://www.spiegel.de/netzwelt/web/tote-aerztin-wird-in-querdenker-gruppen-verhoehnt-a-25b0e615-f1c5-4e82-be78-dc37562e2115

Statista. (2014). *Smartphone-Nutzung durch Kinder und Jugendliche in Deutschland im Jahr 2014 nach Altersgruppen.* Zugriff am 30.05.2017 unter: https://de.statista.com/statistik/daten/studie/1104/umfrage/smartphone-nutzung-durch-kinder-und-jugendliche-nach-altersgruppen/

Statista. (2018). *Fernsehkonsum: Tägliche Sehdauer der Deutschen in Minuten nach Altersgruppen.* Zugriff am 13.04.2018 unter: https://de.statista.com/statistik/daten/studie/2913/umfrage/fernsehkosum-der-deutschen-in-minuten-nach-altersgruppen/

Statista. (2024a). *Durchschnittliche tägliche Fernsehdauer in Deutschland in den Jahren 1997 bis 2023.* Zugriff am 22.02.2024 unter https://de.statista.com/statistik/daten/studie/118/umfrage/fernsehkonsum-entwicklung-der-sehdauer-seit-1997

Statista. (2024b). *Sehdauer bei der Fernsehnutzung von Kindern in Deutschland in den Jahren 2010 bis 2022.* Zugriff am 22.02.2024 unter https://de.statista.com/statistik/daten/studie/186065/umfrage/sehdauer-bei-der-fernsehnutzung-von-kindern-nach-altersgruppen/

Staude-Müller, F. (2011). Computerspielgewalt und Aggression: Längsschnittliche Untersuchung von Selektions- und Wirkungseffekten. *Praxis der Kinderpsychologie und Kinderpsychiatrie, 60*(9), 745–761. https://doi.org/10.13109/prkk.2011.60.9.745

Sueki, H. & Eichenberg, C. (2012). Suicide bulletin board systems. Comparison between Japan and Germany. *Death Studies, 36*, 565–580. https://doi.org/10.1080/07481187.2011.584012

Suler, J. (2004). The online disinhibition effect. *Cyberpsychology & Behavior, 7*(3), 321–326. https://doi.org/10.1089/1094931041291295

Sundgot-Borgen, J. & Torstreit, M.K. (2004). Prevalence of eating disorders in elite athletes is higher than in the general population. *Clinical Journal of Sport Medicine, 14*(1), 25–32. https://doi.org/10.1097/00042752-200401000-00005

Sundgot-Borgen, J. & Torstreit, M.K. (2010). Aspects of disordered eating continuum in elite high-intensity sports. *Scandinavian Journal of Medicine & Science in Sports, 20*(S2), 112–121. https://doi.org/10.1111/j.1600-0838.2010.01190.x

Ternès, A., Towers, I. & Jerusel, M. (2015). *Konsumentenverhalten im Zeitalter der Digitalisierung: Trends: E-Commerce, M-Commerce und Connected Retail.* Heidelberg: Springer. https://doi.org/10.1007/978-3-658-09400-3

Teufel, M., Hofer, E., Junne, F., Sauer, H., Zipfel, S. & Giel, K.E. (2013). A comparative analysis of anorexia nervosa groups on Facebook. *Eating and Weight Disorders, 18*, 413–420. https://doi.org/10.1007/s40519-013-0050-y

Tice, D.M. (1992). Self-concept change and self-presentation: The looking glass self is also a magnifying glass. *Journal of Personality and Social Psychology, 63*(3), 435. https://doi.org/10.1037/0022-3514.63.3.435

Tsitsika, A., Critselis, E., Louizou, A., Janikian, M., Freskou, A., Marangou, E. et al. (2011). Determinants of internet addiction among adolescents: a case-control study. *The Scientific World Journal, 11*, 866–874. https://doi.org/10.1100/tsw.2011.85

Tully, C.J. (Hrsg.). (2004). *Verändertes Lernen in modernen technisierten Welten. Organisierter und informeller Kompetenzerwerb Jugendlicher*. Wiesbaden: VS Verlag. https://doi.org/10.1007/978-3-322-80656-7

Verdi, G., Weyandt, L.L. & Zavras, B.M. (2016). Non-medical prescription stimulant use in graduate students: Relationship with academic self-efficacy and psychological variables. *Journal of Attention Disorders, 20*(9), 741–753. https://doi.org/10.1177/1087054714529816

Vichtl, W. (2022). *Tod von Ärztin in Österreich – „Dieser Hass muss endlich aufhören"*. Verfügbar unter: https://www.tagesschau.de/ausland/europa/kellermayr-corona-aerztin-tot-103.html

Verband Bildung und Erziehung. (2023, 19. November). Lehrkräfte, die kürzlich ihr Lehramtsstudium abgeschlossen haben, sind auf den Einsatz digitaler Endgeräte im Unterrichtvorbereitet...! [Graph]. In *Statista*. Zugriff am 20. August 2024. Verfügbar unter https://de.statista.com/statistik/daten/studie/1304830/umfrage/digitaler-unterricht-vorbereitung-durch-das-studium/

Verband Bildung und Erziehung. (2023, 21. November). Verfügbarkeit von Klassensätzen an Laptops, Tablet-PCs und Smartphones an der eigenen Schule in Deutschland im Jahr 2023 [Graph]. In *Statista*. Zugriff am 20. August 2024. Verfügbar unter https://de.statista.com/statistik/daten/studie/1298496/umfrage/umfrage-zu-tablets-und-smartphones-in-schulen/

Wachs, S. & Wolf, K.D. (2011). Zusammenhänge zwischen Cyberbullying und Bullying – erste Ergebnisse aus einer Selbstberichtsstudie. *Praxis der Kinderpsychologie und Kinderpsychiatrie, 60*(9), 735–744. https://doi.org/10.13109/prkk.2011.60.9.735

Wagner, U. & Gebel, C. (2014). *Jugendliche und die Aneignung politischer Information in Online-Medien*. Berlin: Springer. https://doi.org/10.1007/978-3-658-04201-1

Waller, G. & Süss, D. (2012). *Handygebrauch der Schweizer Jugend. Zwischen engagierter Nutzung und Verhaltenssucht* (Forschungsbericht der Zürcher Hochschule für Angewandte Wissenschaften ZAHW). Zürich: Departement Angewandte Psychologie.

Walsh, S., White, K. & Young, R. (2008). Over-connected? A qualitative exploration of the relationship between Australian youth and their mobile phones. *Journal of Adolescence, 31*, 77–92. https://doi.org/10.1016/j.adolescence.2007.04.004

Walsh, S., White, K. & Young, R. (2009). The phone connection: A qualitative exploration of how belongingness and social identification relate to mobile phone use amongst Australian youth. *Journal of Community & Applied Social Psychology, 19*, 225–240. https://doi.org/10.1002/casp.983

Wan, C.S. & Chiou, W.B. (2006). Psychological motives and online gamers addiction: A test of flow theory and humanistic needs theory for Taiwanese adolescents. *CyberPsychology & Behavior, 9*(3), 317–324. https://doi.org/10.1089/cpb.2006.9.317

Wartella, E., Rideout, V., Montague, H., Beaudoin-Ryan, L. & Lauricella, A. (2016). Teens, health and technology: A national survey. *Media and Communication, 4*(3), 13–23. https://doi.org/10.17645/mac.v4i3.515

Weber, M. (1920). Zwischenbetrachtung: Theorie der Stufen und Richtungen religiöser Weltablehnung. *MW, Gesammelte Aufsätze zur Religionssoziologie, Bd, 1*, 536–573.

White, R.W. & Horvitz, E. (2009). Cyberchondria: Studies of the escalation of medical concerns in web search. *ACM Transactions on Information Systems (TOIS), 27*(4), 23. https://doi.org/10.1145/1629096.1629101

Willard, N.E. (2007). *Cyberbullying and Cyberthreats: Responding to the Challenge of Online Social Aggression, Threats, and Distress.* Champaign, IL: Research Press.

Wilson, B.J. (2008). Media and children's aggression, fear, and altruism. *The Future of Children, 18*(1), 87–118. https://doi.org/10.1353/foc.0.0005

Wirtz, B., Dietz, U. & Beckmann, U. (2016). *Digitale Schule – vernetztes Lernen.* Zugriff am 10.06.2024. Verfügbar unter: https://www.vbe.de/fileadmin/user_upload/VBE/Service/Meinungsumfragen/2016_01 13_Studiens_Digitale_Schule_Grafik.pdf

Witthöft, J., Koglin, U. & Petermann, F. (2015). Zum Zusammenhang von gewalthaltigen Bildschirmspielen und Aggression. *Zeitschrift für Psychiatrie, Psychologie und Psychotherapie, 60*, 51–65. https://doi.org/10.1024/1661-4747/a000098

Wolak, J., Mitchell, K. & Finkelhor, D. (2006). *Online Victimization of Youth: Five Years Later.* National Center for Missing and Exploited Children. Retrieved from: https://www.unh.edu/ccrc/resource/online-victimization-youth-five-years-later https://doi.org/10.1037/e525892015-001

Wölfling, K., Jo, C., Bengesser, I., Beutel, M.E. & Müller, K.W. (2013). *Computerspiel- und Internetsucht. Ein kognitiv-behaviorales Behandlungsmanual.* Stuttgart: Kohlhammer.

Wölfling, K., Thalemann, R. & Grüsser-Sinopoli, S.M. (2008). Computerspielsucht: Ein psychopathologischer Symptomkomplex im Jugendalter. *Psychiatrische Praxis, 35*(05), 226–232. https://doi.org/10.1055/s-2007-986238

Wygotski, L. (1933). *Das Spiel und seine Bedeutung in der psychischen Entwicklung des Kindes.* Verfügbar unter: http://th-hoffmann.eu/archiv/wygotski/wygotski.1933.pdf

Yang, C., Choe, B., Baity, M., Lee, J. & Cho, J. (2005). SCL-90 and 16PF profiles of senior high school students with excessive internet use. *Canadian Journal of Psychiatry, 50*, 407–414. https://doi.org/10.1177/070674370505000704

Yamazaki, K., Ikeda-Araki, A., Miyashita, C., Tamura, N., Yoshikawa, T., Hikage, T. et al. (2023). Measurement of personal radio frequency exposure in Japan:

The hokkaido study on the environment and children's health. *Environmental Research, 216*, 114429. https://doi.org/10.1016/j.envres.2022.114429

Yao, M.Z., Mahood, C. & Linz, D. (2010). Sexual priming, gender stereotyping, and likelihood to sexually harass: Examining the cognitive effects of playing a sexually-explicit video game. *Sex Roles, 62*(1–2), 77–88. https://doi.org/10.1007/s11199-009-9695-4

Yao, S. X., Ewoldsen, D. R., Ellithorpe, M. E., Van Der Heide, B. & Rhodes, N. (2022). Gamer girl vs. girl gamer: Stereotypical gamer traits increase men's play intention. *Computers in Human Behavior, 131*, 107217.

Yom-Tov, E., Brunstein-Klomek, A., Hadas, A., Tamir, O. & Fennig, S. (2016). Differences in physical status, mental state and online behavior of people in pro-anorexia web communities. *Eating Behaviors, 22*, 109–112. https://doi.org/10.1016/j.eatbeh.2016.05.001

Zapf, D. (1999). Mobbing in Organisationen. Überblick zum Stand der Forschung. *Zeitschrift für Arbeits- und Organisationspsychologie, 43*, 1–25. https://doi.org/10.1026//0932-4089.43.1.1

Zeglovits, E. (2017, Januar). *#meinNetz. – Internetnutzung und Medienkompetenz junger Menschen in Österreich* [Pressekonferenz]. Wien: IFES. Verfügbar unter: http://images.derstandard.at/2017/01/24/27600002-BJV-Internet-und-Medienkompetenz-PK-2017-01-24.pdf

Zheng, F., Gao, P., He, M., Li, M., Tan, J., Chen, D. et al. (2015). Association between mobile phone use and self-reported well-being in children: A questionnaire-based cross-sectional study in Chongqing, China. *BMJ open, 5*(5), e007302. https://doi.org/10.1136/bmjopen-2014-007302

Anhang

Checkliste – Merkmale der Online-Spielsucht

Im Folgenden sind einige Merkmale sowie eine Kurzbeschreibung der Merkmale aufgelistet, die auf eine Online-Spielsucht hindeuten können. Kreuzen Sie bitte in der letzten Spalte an, ob das jeweilige Merkmal bei dem Kind bzw. dem/der Jugendlichen beobachtbar ist.

Merkmale	Beschreibung	Merkmal beobachtbar?
Craving	Der/die Betroffene verspürt das starke Verlangen nach Computerspielen und ist sowohl emotional als auch gedanklich völlig davon eingenommen.	☐
Kontrollverlust	Der/die Betroffene hat große Schwierigkeiten, die Dauer, den Beginn und die Beendigung seiner/ihrer Spieltätigkeit zu kontrollieren und einzuschätzen.	☐
Entzug	Der/die Betroffene verspürt Nervosität, körperliche Unruhe, Schlafstörungen, Aggression oder auch Depression, wenn er/sie nicht Computerspielen kann.	☐
Toleranzentwicklung	Der/die Betroffene steigert die Häufigkeit und Dauer seiner/ihrer Spielaktivität sukzessive.	☐
Vernachlässigung wichtiger Lebensbereiche	Der/die Betroffene beachtet früher als angenehm betrachtete Aktivitäten nicht mehr und vernachlässigt seine/ihre sozialen Kontakte.	☐
Negative Konsequenzen	Der Betroffene setzt sein/ihr Verhalten trotz spürbarer negativer Konsequenzen, wie z. B. Leistungsabfall in der Schule, ständige Müdigkeit oder dem Verlust sozialer Kontakte, fort.	☐

Liste angenehmer Tätigkeiten

Manchmal fällt es bei dem großen Angebot an digitalen Aktivitäten schwer, sich daran zu erinnern, was offline alles Spaß macht! Halte hier fest, welche Tätigkeiten dir Freude bereiten, aber nicht an ein Gerät gebunden sind!

Einige Beispiele:

ein Buch lesen

ein Bild malen

Zeit mit einem Haustier verbringen

einen Ausflug machen

Medienvertrag – Regeln zu Internet, Fernseher & Co

In diesem Vertrag legen ________________________ (Name) und ________________________ (Name) Regeln fest. Mit der Unterschrift unter diesen Vertrag versprechen beide, sich an diese Regeln zu halten.

Regel Nummer 1: ________________________

Regel Nummer 2: ________________________

Regel Nummer 3: ________________________

Regel Nummer 4: ________________________

Regel Nummer 5: ________________________

Regel Nummer 6: ________________________

Regel Nummer 7: ________________________

Regel Nummer 8: ________________________

Regel Nummer 9: ________________________

Regel Nummer 10: ________________________

Datum: ____________

________________________ ________________________

(Unterschrift) (Unterschrift)

Mein Medientagebuch

Bitte fülle eine Woche lang jeden Tag aus, wie lange du ferngesehen, ein Smartphone, eine Spielkonsole oder einen Computer benutzt hast.

	Montag	Dienstag	Mittwoch	Donnerstag	Freitag	Samstag	Sonntag
Vormittag							
Nachmittag							
Abend							